――採用・定着のための人材マネジメント――

ものづくり中小企業の人材確保戦略

藤村博之
大木栄一
田口和雄
田島博実
谷田部光一
山田修嗣
著

目　　次

序章　ものづくり中小企業の人材戦略を考える ………………… 1

第1章　募集・採用方法の工夫・改善 ………………………… 13

　1．中小製造業の雇用問題と若年者の意識 ………………… 14
　2．募集・採用のプロセスと多様な方法 …………………… 20
　3．募集・採用の基本的な取り組みと工夫 ………………… 23
　4．採用と人材養成の統合システム ………………………… 34
　5．職場環境整備、企業イメージの向上 …………………… 44
　6．まとめ ……………………………………………………… 45

第2章　中小製造業企業の人材育成（技能継承）
　　　　投資戦略の特質と課題 ……………………………… 51

　1．はじめに〜競争力の基盤は従業員の質 ………………… 52
　2．教育訓練ニーズと不足している職種・人材のタイプ … 53
　3．教育訓練制度の基本構造と外部教育資源の活用 ……… 58
　4．技能継承の取り組みの現状と課題 ……………………… 67
　5．おわりに〜人材育成や技能継承を
　　　積極的に進めていくためには ………………………… 73

第3章　就業意識と職場コミュニケーション
　　　　～職場の相補的な関係づくりによる従業員の定着～ ………… 81

1. 本章の課題 ……………………………………………………………… 82
2. 就業意識と職場に対する評価 ………………………………………… 84
3. 職場の安定を作り出すためのコミュニケーション課題 …………… 92
4. コミュニケーション課題の解決策 …………………………………… 104
5. コミュニケーションを推進する職場にむけて ……………………… 108

第4章　労使コミュニケーションと人材マネジメント
　　　　～従業員の働きがいの向上に向けて～ ……………………… 113

1. はじめに
　　～労使コミュニケーションの重要性を改めて認識する ………… 114
2. 労使コミュニケーションの全体像とその現状 ……………………… 116
3. 人材マネジメントを通じた労使コミュニケーション …………… 120
4. 直接対話を通じた労使コミュニケーションの実践 ……………… 131
5. おわりに～働きがいと企業競争力の向上に向けて ……………… 135

第5章　働きがいの人事・処遇管理 ……………………………………… 139

1. 中小企業における人事・処遇管理の問題点と再構築の方向 …… 140
2. 配置・異動、ジョブ・ローテーション …………………………… 142
3. 昇格・昇進管理 ……………………………………………………… 146
4. 賃金・報酬制度 ……………………………………………………… 156
5. 福利厚生 ……………………………………………………………… 171
6. 評価制度 ……………………………………………………………… 174

第6章　人材確保を支援する法制度の活用
〜中小企業労働力確保法等の紹介・解説〜 …………… 179

1. 中小企業労働力確保法の概要 ………………………………… 180
2. 法制定の背景・経緯 …………………………………………… 181
3. 平成7年改正の背景・経緯 …………………………………… 186
4. 平成10（1998）年改正の背景・経緯 ………………………… 190
5. 平成18（2006）年改正の背景・経緯 ………………………… 194
6. 中小企業労働力確保法に基づく支援 ………………………… 198
7. 具体的な施策の概要 …………………………………………… 199

『ものづくり中小企業の人材確保戦略』
執筆者プロフィール　　　　　　（執筆順）

〈序　章〉　藤村博之
最終学歴　名古屋大学大学院経済学研究科博士課程中退
現　　職　法政大学大学院イノベーションマネジメント研究科教授
主な業績　『新しい人事労務管理［第3版］』（共著）、有斐閣、2007年

〈第1章〉　田島博実
最終学歴　中央大学大学院文学研究科社会学専攻博士前期課程修了
現　　職　(財)雇用開発センター研究調査部課長、中央大学講師、淑徳大学講師
主な業績　『変わる組織と職業生活』（共編著）、学文社、1999年

〈第2章〉　大木栄一
現　　職　職業能力開発総合大学校能力開発専門学科准教授
主な業績　『働きがいを感じる会社』（共著）、同友館、2006年

〈第3章〉　田口和雄
最終学歴　学習院大学大学院経営学研究科博士後期課程単位取得退学
現　　職　高千穂大学経営学部准教授
主な業績　「技能者の人事管理における技能検定制度の活用」『機械経済研究』
　　　　　((財)機械振興協会経済研究所）第36号、2005年

〈第4章〉　山田修嗣
最終学歴　中央大学大学院文学研究科社会学専攻博士後期課程単位取得満期退学
現　　職　文教大学国際学部准教授
主な業績　Corporate Social Resposibility in the EU & Japan（共著、G. Szell ed.）、
　　　　　Peter Lang、2006年

〈第5章〉　谷田部光一
最終学歴　日本大学法学部法律学科卒業
現　　職　日本大学法学部教授
主な業績　『成果・業績賃金の実務』（単著）、経営書院、1999年

〈第6章〉　本間研一　磯貝　悟　中島丈雄

序　章

ものづくり中小企業の
　　　人材戦略を考える

わが国のものづくり中小企業は、高い技術力によって日本の製造業を支えてきた。世の中にはあまり知られていないが、「この部品を作らせたら世界一」とか「世界シェアの7割を握っている」といった企業も少なくない。まさに、一流の中小企業がたくさん活躍してきたのが第二次大戦後の製造業だった。

　しかし、近年、高い技術・技能を持った人たちが高齢化し、引退の時期を迎え始めており、彼らの後継者をどう育成するかが大きな問題になっている。少子化の傾向は、中小企業の採用を難しくしており、後継者を育てようにも十分な人材が確保できない企業が多い。価値観が多様化したといわれるが、若年層の就職意識は昔とほとんど変わっていない。「寄らば大樹の陰」という考え方は根強く残り、有名企業の会社説明会には大量の若者が押し寄せる。

　そのような中で、ものづくり中小企業は、どのようにして人材を確保し、確保した人材をどう定着させ、定着した人たちをどう育成し、技能継承を図っていけばいいのだろうか。この疑問に答えるのが本書の目的である。ここ数年間、（財）雇用開発センターを中心に蓄積されてきた調査結果や研究会に参加したメンバーの独自調査を使って、ものづくり中小企業がこれらの課題に取り組む上で参考となるような事実や知見をまとめてみた。

　本書は、全部で6つの章から成っている。研究会メンバーが一人一つの章を担当し、担当者の視点から上記の課題に答えようとしている。この序章では、ものづくり中小企業が直面している10の課題を取り上げ、各章をどのように活用していただければよいのかを整理しておきたい。人材の確保、定着、育成、技能継承は、相互に関連しており、これを実施すればすべてうまくいくという「打ち出の小槌」は存在しない。本書が、ものづくり中小企業で悩んでいる担当者の助けになれば幸いである。

序　章　ものづくり中小企業の人材戦略を考える

【課題1】　人が採れない。若年層や中堅層を採用するにはどうしたらいいのか？

　中小企業は、採用に苦労している。求人誌に広告を出しても、求人サイトを使って募集をかけても、人が集まらない。ハローワークにもお願いしているが、欲しい人材を紹介してもらえるとは限らない。「大企業だって苦労している時代なんだから、ましてやうちのように小さな会社は難しいよな」と半分あきらめているような声が聞こえてくる。

　しかし、ちょっと待ってほしい。第1章の図表1-3を見ると、若者はものづくりを好意的にとらえていることがわかる。ものづくりは決して人気のない職種ではない。問題はその魅力を十分に伝えきれていないことにある。ものづくりのおもしろさをアピールする工夫が必要である。

　人を採用しにくい状況があるとはいえ、毎年着実に人を集めている会社がある。新卒者の採用には、学校とのつながりが欠かせない。第1章の事例2-1は、30年前から高校との関係を育てている会社の話である。好不況にかかわらず定期的に卒業生を採用してくれる会社は、高校の進路指導の教師にとってありがたい存在だ。「今すぐ人がほしい」という要請に応えられる施策ではないが、中長期の人材確保のために必要な投資だと考え、地道に取り組むべきである。

　新卒者を選ぶ際、成績もさることながら、学校を休んでいないことや機械操作が好きなことを確かめておくとよい（第1章事例2-3）。また、工場見学や実習に招いて、どのような仕事をしてもらうのかを体験させることも重要である（第1章事例2-2）。

　すぐに人が必要なときには、中途採用が有効である。中途採用というと経験者を想定しがちだが、仕事上の経験よりも意欲・関心などの要素を重視することによって成功している例がある（第1章事例3-2）。また、非正社員を積極的に正社員に登用することも有効である（第1章事例4-1〜4-4）。既成概念にとらわれないことが成功する採用につながる。

【課題2】 人が集まらないのは、中小企業に魅力がないからだと言われる。でも、中小企業にもいいところはたくさんある。中小企業の魅力をアピールするにはどうすればいいのか？

　中小企業の魅力は、外から見ていたのではなかなかわからない。世間一般の認識は、中小企業は不安定な雇用の場であり、労働条件は大企業に比べて劣っていて、あまりいいことはないというものである。しかし、中小企業にはたくさんの魅力がある。社長との距離が近いことはやりたいことをやらせてもらえる可能性が高いことを意味するし、転勤がないというのも重要な労働条件である。

　第1章の事例2-3は、高校に出向いて説明会を実施したり、地元の経済団体主催の会合に出て高校の教師と交流の場を持ったりしている。こちらから積極的に働きかけることによって、企業の魅力をわかってもらうことは重要である。

　魅力をわかってもらうには、実際に働いてもらうと良い。日本版デュアルシステム（実践型人材養成システム）、若年者トライアル雇用、インターンシップを上手に利用して人材を確保している企業がある。

　日本版デュアルシステムは、職業訓練機関での学習（座学）と企業での実習を組み合わせて、効果的な職業訓練を行いつつ就職に結びつける試みである。第1章の事例5-1と5-2がその具体例だが、実習終了後に採用に結びつくには、説明会での会社紹介の仕方、職場実習での接し方、受け入れ職場の雰囲気やコミュニケーションが重要である。

　若年者トライアル雇用は、ハローワークが紹介する若年者を短期間（原則3カ月）試行的に雇用して、常用雇用へのきっかけにしようとするものである。第1章の事例6-1を見ると、仕事への導入と適性の見極め期間として有効に機能している。インターンシップも、企業のことを学生に知ってもらう有効な機会である。第1章事例7-1と7-2を見ると、インターンとして受け入れた学生だけでなく、指導に当たる若手社員の教育にもなっていることがわかる。

【課題3】 人材を確保する上で公的支援が受けられるという話を聞いた。どのような支援があり、どう利用すればいいかを知りたい。

政府は、中小企業が雇用創出において重要な役割を果たしていることを重視し、中小企業の人材確保のためにさまざまな支援を打ち出している。その基礎になる法律が、中小企業労働力確保法（1991年制定）である。この法律は、経済情勢の変化とともに数次の改正を経て現在に至っている。中小企業が人材を確保するには、雇用環境の改善も必要である。相談業務、コンサルティング、助成金など以下のような施策が展開されている。これらをうまく利用して、人材確保を図る必要がある。

① 相談・援助業務

(独)雇用・能力開発機構の各都道府県センターの窓口において担当職員が労働者の雇入れ、配置、職場への適応等の雇用管理に関する相談や好事例の提供等を行っているほか、社会保険労務士や中小企業診断士等の専門家を雇用管理アドバイザーとして委嘱し、中小企業に派遣して専門的な援助を行っている。

② 助成金の支給

ａ) 中小企業人材確保推進事業助成金

中小企業者の職場の魅力を高め、労働力の確保・職場定着を支援するために、事業協同組合等が実施する調査研究等の雇用管理改善事業に要した費用の2/3を最大3年間助成する。

ｂ) 中小企業職業相談委託助成金

中小企業が、職場への労働者の定着を図るため、特にニーズが高いメンタルヘルス相談を含めた職業相談業務を外部の専門機関等に委託した場合、当該委託に要した費用の1/3を最大1年間助成する。

ｃ) 中小企業基盤人材確保助成金

中企業者が、新分野進出等に伴い経営基盤の強化に資する人材を雇い入れた場合に、その人材1人につき140万円、基盤人材の雇入れに伴う一般労働者1人につき30万円を助成する（第6章）。

【課題4】 採用した人がなかなか定着してくれない。定着のための方法を知りたい。

　せっかく採用したのにすぐに辞めてしまうという悩みは多い。最近の若者はガマンできなくなっているとか、自分がやりたいことができないとわかるとさっさと見切りをつけるといった意見が聞かれる。確かに、若者の側にも問題はある。しかし、受け入れる中小企業の側に、もっと工夫があってもいいのではないだろうか。

　第3章の図表3-1を見ると、仕事での課題や責任をまっとうしようという気持は20歳代でも86.1%が持っている。会社（職場）の発展ために最善をつくそうという気持も75.7%に達している。ただ、今の会社で、ものづくりの仕事を続けようと考えている20歳代は59.0%にとどまっている（第3章図表3-2）。

　ものづくり中小企業の従業員が職場で求めているのは、「他者からの承認」、「自己実現」、「信頼できる人間関係の重視」である。これらの項目が満たされれば、自ずと定着するようになる。活発に会話が交わされ、仕事の話し合いを十分に行って誰彼の区別なく意見が仕事に反映されれば、この会社で働き続けようという気になる。質の高いコミュニケーションがすべての基本となる（第3章2.）。

　誰しも「辞めたい」と思う瞬間がある。そのようなときに踏みとどまらせるのは、自分はこの会社で役に立っているという実感である。各人の役割が明確になっており、職場での自分の位置づけが見えていれば、何とか頑張ろうという気になるものである。会話や仕事を通じたコミュニケーションの現状を今一度見直し、これらを活用することで、従業員の誰もが「自分は職場に不可欠な存在」であることが確認される状況を作り出せると考えられる（第3章4.）。

　職場で毎日接している上司が部下の話を十分に聴いて、適切なアドバイスをすることに優る定着策はない。部下とちゃんと向き合える管理職の育成が重要である。

【課題5】 人材育成が大切なことはわかっているが、どうやって人を育てたらいいのかわからない。育て方を知りたい。

　教育訓練の方法には大きく分けて3つある。第一は上司や先輩の指導のもとで、職場で働きながら行われる訓練で、OJT（On-the-Job Training）と呼ばれている。第二は仕事から離れて教室などで行われる集合訓練で、OFF-JT（Off-the-Job Training）と呼ばれている。この訓練には、社内の研修施設等で行われる社内教育と、外部の教育訓練機関等に派遣される社外教育の二つがある。第三の訓練方法は、書籍を読む、通信教育を受講するなど、上司等の直接の指導を受けずに自分一人で勉強する教育訓練で、自己啓発と呼ばれている。これらのなかで、企業はOJTと自己啓発を教育訓練のベースとして重視し、OFF-JTはそれを補完する方法として位置づけている（第2章2.（1））。

　育成の基本はOJTにある。日々の仕事を通して、人はたくさんのことを学ぶ。職場の管理職は、まず「仕事についての相談」にのり、「生活や勤務態度についての助言」をすることから始めている。それを踏まえたうえで「改善提案を考えさせる」ことや「特定の仕事について責任を与え」、「目標を明確化し、挑戦させ」ている。そして、「職務範囲に留まらず広範囲な仕事に挑戦させ」、「作業指示書（マニュアル）を作成させる」、「より難しい仕事に挑戦させる」といった工夫をしている（第2章2.（4））。

　育成の基本は、部下と真剣に向き合うことである。一方的に指示するのではなく、部下の話を聴き、部下と一緒に考える姿勢を上司が見せれば、少しずつ育っていくものである。ひとりひとり顔が違うように、育つ場面も人によって異なる。人は知らず知らずのうちに、自分が育てられてきた方法で部下や後輩を育てようとする。それは決して間違っていないが、独りよがりにならないこと、自分自身を客観的に分析する目を持っていることが重要である。他社の事例に学ぶ点はとても多いと言える（第2章2.（4）②D社の事例）。

【課題6】　技能継承を何とかうまく実施したいが、様々な問題が発生している。どうすれば技能継承がうまくいくのだろうか？

　多くの管理監督者は、自分が責任を持って担当している職場の技能継承が問題になっていると感じている。この傾向は、大手企業に勤務している監督者ほど強い。ただ、技能継承が問題化しているにもかかわらず、職場での技能継承が進んでいると感じている監督者は4割弱にとどまっている。技能継承が進んでいないと考える割合は、中小企業に勤務している管理監督者ほど高くなっている（第2章図表2-6）。

　職場での技能継承を進める上で問題になっているのは、部下を指導するための「時間」や「仕事の機会」がないことである。仕事の質・量が増えたことにより技能継承に取り組む時間を確保することが難しくなり、その結果、部下と接する機会がなくなり、技能継承を進めにくくさせている。また、時間を確保して技能継承に取り組もうとしても、「仕事に対する部下との意識格差が目立っている」ことにより、技能継承を効果的に進めることができない状況にある（第2章図表2-8）。

　実践的な技能やカン・コツといった五感の部分を伝えるには、継承するベテラン技能者と後継者がマンツーマンになって行うOJT方式が最適な方法である。しかし、限られた人員によって生産活動が進められているため、ベテラン技能者や後継者が技能継承のための時間や機会を確保することが難しい状況がある。その点、Off-JT形式は通常の仕事から離れて教育訓練を行うため、限られた時間を有効に活用することができる利点がある。また、技能に関連する技術や知識などの理論的な学習も行うことができるので、高い効果が期待できる（第2章3.(3)）。

　もう一つ大切なことは、後継者育成を現場任せにするのではなく、会社としての支援体制を整えることである。具体的には、教える時間を確保するとか、教える側に複数のベテランを関わらせるといった施策である。技能継承は、企業の命運を左右するほどの重大事項である。経営者が率先して取り組むことも重要である（第2章4.）。

序　章　ものづくり中小企業の人材戦略を考える

【課題7】　中堅層以上から「若年層と話が通じない」という不満が出ている。どうすればコミュニケーションを円滑に進めることができるのか？

　年齢が5歳以上離れるとコミュニケーションが難しくなると言われる。それは、共通に持っている体験や使う言葉が微妙に異なるからである。職場では20歳、30歳離れた従業員が働いているので、コミュニケーションに問題が発生するのはある意味で当然である。

　コミュニケーションとは、わかり合おうとするプロセスである。人間は、どこまでいっても本当にわかり合うことは難しい。だからこそ、相手に自分の考えを知ってほしいと思って話をするのだし、相手の意見を聴きたいと思うのである。

　私たちは、言葉を使って意思の疎通をする。同じ単語でも、人によって具体的にイメージするものは異なる。例えば、「青い空」という表現を聞いたとき、ある人は雲一つない快晴の空を思い浮かべるが、他の人は白い雲が浮かんだ空を想像する。同じ言葉や表現でも、突き詰めていくと同じではないのである。

　コミュニケーションの出発点は、お互いの言語体系が違う点を意識することである。そして、質の高いコミュニケーションにするには、相手の持つ言語体系を知り、論理構造を理解して言葉を発することである。そのためには、まず、相手の話を聴くことから始めなければならない。

　職場のコミュニケーションでは、上司や先輩が若手の話にじっと耳を傾けることが大切である。話を聴いていてわからない言葉や表現が出てくれば、その都度確かめればいい。若手の話を促すような質問をはさむことも効果的である。上司・先輩が「自分は話を聴いている」と思っていても、部下や若手から見ると「話を聴いてくれていない」となるのが普通である。コミュニケーションには、必ずギャップがある。それを知って、どうギャップを埋めるかを考えながら対話を進めることが求められている（第3章3.と4.）。

【課題8】 小さな会社なので、社長の人柄で従業員を引っ張ってきた。しかし、最近、社員から「制度が不透明だ」という不満が出ている。どうすれば、従業員に納得してもらえる人事制度を作れるのだろうか？

　中小企業も決定基準を明確にした人事・処遇制度を導入し、その内容をオープンにし、中小企業なりのやり方で適切に運用していく必要がある。そして、その決定基準の基本原則を

　　　　　　「職務・能力主義＋成果・業績主義」

に置くとよい。担当する仕事とその仕事ができる能力をベースに、成果・業績主義も加味した人事・処遇制度を導入するのである。

　この場合、一般社員層に関しては職務遂行能力（略して職能）要素をメインにした制度を設計し、管理職層に関しては職務要素と業績要素を中心に設計する。一般社員層でも営業職に対しては成果ないし業績要素を取り入れ、事務職に対しては職能要素を中心に適用する。また、月例賃金は職務・職能要素で設計するが、賞与は成果・業績要素を強める…といったように、対象となる従業員層や処遇の内容によって、各要素の組み合わせや強弱を変えることも必要になる。

　人事・処遇制度の設計と運用で肝要なのは、年功か成果・業績か、能力か仕事か、といったアレかコレか式の選択ではなく、能力、業績、仕事などの人事・処遇要素のバランスを取ることである。また、理論に偏っても現実に埋没してもだめであり、「理論的整合性」と「具体的妥当性」のバランスを取ることが必要なのである（第5章）

　制度設計上気をつけなければならないのは、ユーザー・フレンドリーな制度にすることである。人事制度の目的は、第一線の管理職を支援して、従業員のやる気を引き出し、より質の高い仕事をしてくれるように仕向けることである。制度を実際に使って職場管理を実践する管理職にとって、使い勝手の良い制度でなければ話にならない。管理職の声を聴き、職場運営を円滑にする手助けになる制度でなければならない。

【課題9】　企業を盛り立てていくには、いま働いている従業員のモチベーションを上げなければならない。どうすれば従業員のやる気を高めることができるだろうか。

　ものづくり人材の高い技能を何らかの形で認定し、他の人たちにわかるような仕組みが有効である。その一つとして、「マイスター制度」がある。ドイツのマイスター制度の名称とイメージを借りたものである。ドイツでは伝統的な手工業や工業の職種のほかに、ホワイトカラー職種についてもマイスター試験がある。また、ドイツのマイスターは手工業会議所などの外部機関が試験を実施するが、わが国のマイスターは個別企業あるいはそのグループが認定する社内資格、社内称号である。

　マイスター制度導入の目的は、社内の技術・技能の底上げと、技術・技能の伝承にあり、マイスターに後継者の指導を義務付ける会社もある。そのために、マイスター認定者の処遇を何らかの形で優遇している。ものづくりに従事する従業員にとっては、キャリアモデル、キャリア目標になる。

　企業が導入しているマイスター制度は、大きく分けると「現代の名工」に匹敵するようなスーパーマイスターだけを認定するものと、ものづくり人材を段階的に育成するために、マイスターにランクを設けるシステムとがある。ここでは、生産職や職人に限定せず、広い意味のものづくり人材を対象に、育成の意味も込めて3段階のランクを設定したマイスター制度の導入を提案する。マイスターの人材要件と役割を明確にするのはもちろん、マイスター手当の支給など、賃金でも優遇する。

　マイスター認定の基準としてランクごとに厳格な要件を設定するが、初級マイスターに関して各種技能士の取得を絶対条件にするなど、各級マイスターの認定には社外の公的資格を活用する。マイスターの審査、認定は社内に設置するマイスター認定委員会が行う。マイスターの認定期間は2～3年で、再審査によって継続するか認定を取り消すか、あるいは上級のマイスターに認定するかを決定する（第5章3.(4)）。

【課題10】 社内のコミュニケーションを活発にして、活気あふれる会社にしたいのだが、どういう施策をとればいいだろうか？

　就業形態の多様化が進み、生産現場に多様な雇用形態の従業員が増え、経営者と従業員が互いに意見や考えなどを「うまく」伝え合うことが難しくなりつつある。それを解決する手段として、従来の職制・現場監督者を通じた労使コミュニケーションだけではなく、人材マネジメントを整備・拡充することが考えられる。

　しかし、経営者が考える人材マネジメントと従業員が要望する人材マネジメントとの間にはギャップがみられ、単に人材マネジメントを整備・拡充するだけでは、社内のコミュニケーションを円滑にすることにつながらない。この点に対し、社内のコミュニケーションを積極的に実施している企業は、従業員との直接対話を行い、ギャップを埋めることに取り組んでいる。経営情報などを従業員に伝え、「今、わが社はどのような状況にあるのか」を共有しつつ、厳しい市場競争を勝ち抜くために「わが社はどの方向を目指すか（経営目標、経営計画等）」を一緒に考えたり、その中で寄せられた従業員の要望・意見を拾い上げ人材マネジメントの整備・拡充につなげたりしている。

　こうした経営者と従業員が直接会って、互いに意見や考えなどを伝え合う直接対話が、経営に対する従業員の協力的な姿勢や会社への一体感や働きがいを高めることに貢献している。従業員一人一人が貴重な戦力である中小企業にとって、従業員が協力して企業の目標達成に力を発揮することは、企業の競争力向上にプラスになっている。

　このように人材マネジメントを通じた社内のコミュニケーションが従業員の働きがいの向上につながるとなると、どのような人材マネジメントを企業に整備・拡充することが望ましいかが次の課題となる。この点は、企業を取り巻く経営環境や経営者の考え・方針などによって異なる。自社の経営理念、経営目標、事業活動の方針などを改めて確認し、自社にあった最適な人材マネジメントを選択することが望まれる（第4章）。

第1章

募集・採用方法の工夫・改善

1. 中小製造業の雇用問題と若年者の意識

　本章では、中小製造業における人材確保の問題を整理し、若年者の就業への意向を検討したうえで、募集・採用活動のプロセスの全体像を提示する。次に、企業の人材確保の事例を紹介しながら、人材確保の方針と考え方、求人募集の具体的な方法や多様な工夫のあり方、ものづくり企業の職場環境整備、イメージ向上の取り組みなどについて、できるだけ具体的に解説していきたい。

（1）　中小製造業の人材確保の問題

　近年、大企業を中心とした景気回復と求人採用の拡大が目立ってきているが、そうした動きがようやく中小製造業にも波及しつつある。それとともに、中小製造業にとっては、人材募集において不利な局面に立たされ、採用難の悩みを抱えている。

　日本銀行の短観（「全国企業短期経済観測調査」）によれば、業況判断DI（「前年同期に比べ好転と回答した企業割合」－「前年同期に比べ悪化と回答した企業割合」）は、大企業が2003年の後半からプラスに転じ、中小製造業も04年前半から小幅ながらプラスになってきている。また、厚生労働省の「労働経済動向調査」によれば、労働者の過不足状況の推移も2003年末ないし04年初めから、不足に転じている（図表1-1）。

　中小製造業の採用難や人材不足の要因は、従来からたびたび指摘されてきている。例えば、若者の製造業離れ、いわゆる3K職場といわれる職場環境の悪さ、労働条件の低さなどである。ここで、採用難、人材不足の要因を考えてみると、企業側の問題と就業者（または求職者）の側の問題が挙げられよう。

　中小製造業で熟練工不足が常態化している要因について、八幡成美は次のように指摘している。「1つは若者が製造業や建設業などの現場の

第1章　募集・採用方法の工夫・改善

図表1-1　全産業、製造業の人材過不足の推移

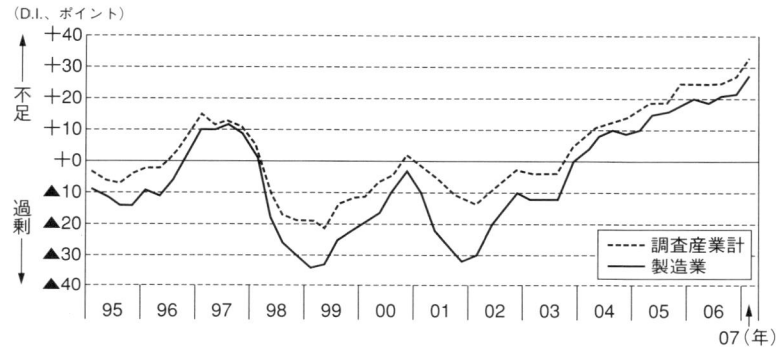

備考：左の目盛りは「不足と回答した事業所の割合」―「過剰と返答した事業所の割合」である。
　　　調査時期は毎年2月、5月、8月、11月あり、調査産業は1998年11月調査までは、5産業計（建設業、製造業、運輸、通信業、卸売・小売業、飲食店、サービス業）である。
　　　1999年2月調査からは、金融、保険業、不動産業を追加した。
　　　さらに、日本標準産業分類の改訂（2003年3月）により2004年2月調査から調査対象産業が9産業となった。
　　　新旧産業分類の比較については、調査産業計は継続しているが、製造業についてはその範囲が異なるので、2003年11月調査以前との比較にあたっては注意を要する。
資料：厚生労働省「労働経済動向調査」より作成。
出所：経済産業省・厚生労働省・文部科学省編、2007、『ものづくり白書（2007年版）』、p.171。

　仕事を3K（きつい、きたない、きけん）職種と嫌って敬遠する傾向が定着してしまったこと。もう1つはオイルショック以降の低成長、急速な円高の進行、技術革新の急速な進展、海外生産シフトの本格化などの理由から長期間に渡って企業が採用抑制を続けてきたこと」[1]であるという。

　上記のうち、求職者とくに若年層の意識や就業行動について、もう少し詳しくみてみよう。一般的な議論では、若年者の製造業への入職が減少してきた要因に関して、「職住分離した環境の中、家庭、地域等において、ものづくりに接触する機会が乏しく、ものづくりに関する職業意識を持ちにくくなっていること」や、「企業が新入社員に期待する学力や、職業生活に必要な社会常識・社会性・意欲等に欠けていること」が指摘されている[2]。これらの議論では、若年者がものづくりへの興味・関心を持ちにくい生活環境におかれていることや、職業生活に必要な基本的な素養が欠けていることが問題視されているのが特徴的である。

15

（2） 若年者のものづくりへの意識

　一般論的には、若年者の製造業離れやものづくりへの興味・関心の低下がいわれるが、それについては、異なる角度からのコメントも出されている。例えば、求人情報誌「ガテン」の編集長によれば、「製造業は単純作業でつまらないし、技術も身につかないというイメージが先行して」いて、「製造業は仕事そのものに対する楽しさや面白さを情報発信しないから、不人気なんだと思う」という。また、別の評論家は「3Kをなくせば若者が来てくれる、と思ったら大きな間違い。問題は仕事に誇りを持てるかどうかだ」と指摘する[3]。つまり、製造業の求人難の原因は、3K職場の問題ばかりではなく、仕事の意義や面白さをうまくアピールできていないことによるのではないかというのである。

　ここに、若年者の職業観の傾向を示すデータがある。

　（財）雇用開発センターが実施した「職業観と生活意識に関するアンケート」（2001年10月～02年3月）では、20歳代と30歳代の男女1,691名（正社員、非正社員を含む）に対して、「製造業で技能をみがき、ものづくりをすることについて」どう思うかを聞いている。

　図表1-2によれば、回答者全体では「やりがいのある仕事だと思う」に同意した人が約9割（89.0％）ととくに多く、「長く続けられる仕事だと思う」も7割を越えた（74.1％）。次いで、「将来性のある仕事だと思う」は6割強（62.9％）、「自分もやってみたい」は6割弱（57.5％）となり、最も比率が低かった「カッコイイ仕事だと思う」でも5割弱（46.8％）の回答率を示している。

　こうした調査結果をみると、製造業離れやものづくり離れというステレオタイプ化されたイメージとは異なった様子が浮かび上がってくる。ことに、「やりがいのある仕事」という一般的な評価に対しては約9割と大多数が同意している。ただ、これは、「やりがいがありそうだ」という第三者的な見方で反応しているともいえるかも知れない。それに比べ、回答者個々人の立場にひきつけて聞いた、「自分もやってみたい」

図表 1-2　製造業で技能をみがき、ものづくりをすることへの意向
（男女・雇用形態別）

（「はい」と回答した％）

	合計（実数）	やりがいのある仕事だと思う	自分もやってみたいと思う	将来性のある仕事だと思う	長く続けられる仕事だと思う	カッコイイ仕事だと思う
全体	1691	89.0	57.5	62.9	74.1	46.8
男性・正社員	840	87.4	63.2	54.8	72.3	36.9
女性・正社員	360	89.4	46.9	65.0	73.1	50.6
男性・非正社員	51	90.2	66.7	74.5	72.5	54.9
女性・非正社員	439	91.6	54.4	75.2	78.6	61.5

注1）「はい」「いいえ」の2件法で回答を求めた。
注2）（財）雇用開発センター「職業観と生活意識に関するアンケート」（2001年10月～02年3月）による。

という項目では、やや比率が下がるものの、6割弱が同意している。性別・雇用形態別の集計では、「男性・正社員」で63.2％、「男性・非正社員」で66.7％と高まっている。もちろん、回答者が「製造業で技能をみがき、ものづくりをする」というワーディングによって、どのような働き方や仕事をイメージしているかは必ずしも明らかではないが、自分の腕、身につけた技能で、職人のように一本立ちした働き方をすることについて、正社員でも非正社員でも、また男性も女性も好意的な見方をしている人が意外に多いということはいえるだろう。

次に、ものづくりへの関心をもっている就業者が、働くことにおいてどのような要素を重視しているかをみたのが、図表1-3である。

ものづくりをすることについての各項目の「はい」と「いいえ」を比較して、「はい」と肯定的に回答した人が重視している要素をみると、正社員では、「責任ある仕事を任されること」「自律性が高いこと」「仕事内容が変化に富んでいること」「新しいことを学ぶ機会が多いこと」「社会的な貢献をすること」「失業の不安なく働けること」「教育や研修を受ける機会が多いこと」などが挙げられている。また、非正社員では、

図表1-3① ものづくりへの意向と仕事に関する諸要素の重視度

【正社員】

(「重要である」と回答した％)

			合計(実数)	(1)責任ある仕事を任されること	(2)仕事と自分の能力が合致していること	(3)自律性が高いこと	(4)仕事内容が変化に富んでいること	(5)おもしろい仕事であること、好きな仕事であること	(6)新しいことを学ぶ機会が多いこと	(7)社会的な貢献をすること
ものづくりをすることについて	全体		1200	69.6	64.8	63.0	57.3	73.3	75.8	50.7
	①やりがいのある仕事	「はい」	1056	70.5	65.6	64.0	58.0	73.5	76.8	51.3
	〃	「いいえ」	135	63.0	57.8	54.8	53.3	72.6	66.7	45.9
	②自分もやってみたい	「はい」	700	70.0	64.6	66.1	59.9	73.1	80.6	53.7
	〃	「いいえ」	484	68.4	65.5	59.3	53.7	74.4	68.8	46.7
	③将来性のある仕事	「はい」	694	72.0	65.0	63.3	57.9	75.2	79.0	54.2
	〃	「いいえ」	482	65.8	64.7	63.1	56.6	71.8	71.2	46.1
	④長く続けられる仕事	「はい」	870	71.1	65.6	62.2	56.8	73.1	77.4	52.2
	〃	「いいえ」	309	65.0	62.5	66.0	58.6	75.1	71.2	46.6
	⑤カッコイイ仕事	「はい」	492	72.2	65.7	62.6	61.4	78.5	79.3	57.9
	〃	「いいえ」	688	67.6	64.4	63.5	54.5	70.3	73.4	45.8

(続き)

			合計(実数)	(8)よい対人関係があること	(9)昇格・昇進の機会に恵まれていること	(10)仕事の成果が正当に評価されること	(11)都合のよい勤務時間・勤務地であること	(12)失業の不安なく働けること	(13)給料や賞与、福利厚生がよいこと	(14)教育や研修を受ける機会が多いこと
ものづくりをすることについて	全体		1200	83.4	43.5	84.2	58.8	77.0	79.0	56.3
	①やりがいのある仕事	「はい」	1056	83.7	43.1	84.0	58.6	76.6	78.6	56.3
	〃	「いいえ」	135	83.0	45.9	85.9	60.0	79.3	81.5	54.8
	②自分もやってみたい	「はい」	700	84.4	41.1	84.0	58.9	78.1	79.4	57.7
	〃	「いいえ」	484	82.4	47.5	85.1	58.9	75.2	78.5	54.3
	③将来性のある仕事	「はい」	694	85.6	45.1	85.0	60.7	79.3	79.7	60.7
	〃	「いいえ」	482	81.3	41.9	83.6	56.8	73.9	78.0	50.0
	④長く続けられる仕事	「はい」	870	84.8	43.7	84.6	59.7	78.4	80.2	58.4
	〃	「いいえ」	309	80.6	44.0	83.8	57.3	72.8	75.7	50.5
	⑤カッコイイ仕事	「はい」	492	85.0	46.5	83.7	65.0	78.0	79.3	59.8
	〃	「いいえ」	688	82.7	41.7	84.7	54.7	76.2	78.9	53.5

注1)「重要である」「どちらともいえない」「重要ではない」の3件法で回答を求めた。
注2)(財)雇用開発センター「職業観と生活意識に関するアンケート」(2001年10月〜02年3月)による。

第 1 章　募集・採用方法の工夫・改善

図表 1-3②　ものづくりへの意向と仕事に関する諸要素の重視度
【非正社員】

(「重要である」と回答した％)

			合計（実数）	(1)責任ある仕事を任されること	(2)仕事と自分の能力が合致していること	(3)自律性が高いこと	(4)仕事内容が変化に富んでいること	(5)おもしろい仕事であること	(6)新しいことを学ぶ機会が多いこと	(7)社会的な貢献をすること
	全体		491	61.5	69.9	52.5	57.8	86.2	80.2	46.6
ものづくりをすることについて	①やりがいのある仕事	「はい」	449	60.8	69.9	52.6	57.5	86.2	79.3	47.2
	〃	「いいえ」	38	71.1	73.7	50.0	57.9	84.2	89.5	42.1
	②自分もやってみたい	「はい」	273	60.1	72.5	53.8	60.8	87.9	79.9	48.4
	〃	「いいえ」	210	64.3	67.6	50.5	52.9	83.3	80.5	45.2
	③将来性のある仕事	「はい」	369	62.3	71.3	54.7	58.0	86.2	81.0	49.1
	〃	「いいえ」	112	58.9	67.0	44.6	54.5	84.8	76.8	38.4
	④長く続けられる仕事	「はい」	383	60.8	69.5	53.3	59.0	85.6	82.2	48.0
	〃	「いいえ」	102	64.7	72.5	50.0	51.0	87.3	72.5	42.2
	⑤カッコイイ仕事	「はい」	299	62.9	69.9	52.2	59.5	88.3	83.3	52.5
	〃	「いいえ」	178	61.2	71.9	53.9	53.4	82.6	75.3	37.6

(続き)

			合計（実数）	(8)よい対人関係があること	(9)昇格・昇進の機会に恵まれていること	(10)仕事の成果が正当に評価されること	(11)都合のよい勤務時間や勤務地で働けること	(12)失業の不安なく働けること	(13)給料や賞与、福利厚生がよいこと	(14)教育や研修を受ける機会が多いこと
	全体		491	91.0	49.5	90.0	75.4	73.9	80.2	61.5
ものづくりをすることについて	①やりがいのある仕事	「はい」	449	91.1	49.2	90.4	74.6	73.5	79.7	60.6
	〃	「いいえ」	38	89.5	55.3	86.8	86.8	81.6	89.5	73.7
	②自分もやってみたい	「はい」	273	91.6	52.4	91.6	72.9	74.0	78.8	62.3
	〃	「いいえ」	210	91.0	46.7	88.6	78.6	74.3	82.4	61.4
	③将来性のある仕事	「はい」	369	90.8	51.8	91.1	74.0	74.8	81.8	61.2
	〃	「いいえ」	112	91.1	42.9	87.5	79.5	71.4	77.7	62.5
	④長く続けられる仕事	「はい」	383	90.6	48.8	90.9	74.9	72.8	79.9	61.1
	〃	「いいえ」	102	92.2	52.9	88.2	76.5	77.5	82.4	63.7
	⑤カッコイイ仕事	「はい」	299	91.6	52.5	91.0	72.9	74.6	80.9	62.9
	〃	「いいえ」	178	91.0	46.6	89.9	79.2	74.2	80.9	60.7

注1：「重要である」「どちらともいえない」「重要ではない」の3件法で回答を求めた。
注2：（財）雇用開発センター「職業観と生活意識に関するアンケート」(2001年10月～02年3月）による。

「仕事内容が変化に富んでいること」「新しいことを学ぶ機会が多いこと」「社会的な貢献をすること」「昇格・昇進の機会に恵まれていること」などが挙げられている。

これらをみて注目されるのは、仕事に係わる要素（責任、自律性、変化）、学習に係わる要素（新しいことを学ぶ機会、教育や研修）、および社会的貢献が指摘されている点である。ものづくりに関心をもつ若年就業者の傾向の一端が現れているとみられよう。

以上のように、中小製造業の人材難やものづくり離れが広くいわれる一方で、現代の若者は予想以上に「技能を身につけ、ものづくりをすること」を好意的にみている。また、そうした若者たちは、仕事内容の面白さや学習（成長）のような要素に引き付けられていることも明らかになった。こうした傾向をみると、中小製造業の人材確保・採用に関して、積極的なアプローチの可能性が開けてくるように思われる。

2. 募集・採用のプロセスと多様な方法

（1） 募集・採用のプロセスと留意点

ここで、従業員の募集・採用の実務的なプロセスを整理し、次いで、企業の取り組み事例を紹介しながら、いろいろな工夫・留意点を考えてみたい。

従業員の募集・採用の標準的なプロセスを示すと、次の図表1-4のようになるであろう。大前提として企業の経営戦略、事業計画、要員計画などが定められ、それをもとに、各年度ごとの募集計画、人材の要件、雇用や労働の諸条件などが整理され、実際の募集活動に入っていく。

ただし、今日のように景気変動や事業環境の変化が激しい状況下では、現実的に、上記のようなプロセスを踏んでいく余裕がないことも十分ありうるし、また、中小製造業の場合、様々な制約条件から計画どおりに進まないことも想定されよう。したがって、実際の募集活動は短期的な

第1章 募集・採用方法の工夫・改善

図表1-4 従業員の募集・採用の実務的なプロセス

```
（企業の経営戦略と事業計画の策定）
          ↓
    （中長期の要員計画の策定）
          ↓
① 単年度の要員・募集計画の立案
② 求める人材のイメージ、条件の整理
③ 雇用形態、労働条件の整理
   （正社員、非正社員：契約社員、パートタイマー、アルバイト、その他／
    賃金／労働時間、勤務形態など）
          ↓
④ 求人・募集の媒体、ルートの選定
   （学校、ハローワーク、求人情報誌、求人広告・チラシ、人材紹介会社、
    インターネット、縁故、その他）
        ↑  ↓
⑤ 求人・募集の対象の選定
   （新卒者：高校、大学、高専、短大、その他／既卒者・社会人）
          ↓
⑥ 実際の募集活動の展開
   （学校訪問、学校関係者とのコミュニケーション・関係づくり／「就職フ
    ェア」などの会合への参加／多様な媒体の活用）
          ↓
⑦ 会社訪問、工場見学会、説明会などの開催
          ↓
⑧ 応募者の受付：エントリーシート、履歴書などの確認～適性検査、筆記
   試験～面接
          ↓
⑨ 採用選考～採否の決定
          ↓
    （新入社員教育、職場への導入）
```

注）既存の文献（労働実務「労基旬報」編集部編（1995）他）、企業事例を参考にして、筆者が作成。

　経営動向にもフレキシブルに対応しながら、自社としてできるだけ確保したい要件と弾力的に運用できる部分とを切り分けて考慮していくことになろう。
　また、具体的な点として、求人・募集の媒体、ルートの選定と、求人・募集の対象の選定とは密接に関連する事項である。つまり、募集対象として選んだ層に応じて、それに適した媒体が選ばれることになるか

ら、この両者は相互的な関係にあるといえる。

　さらに、実際の募集活動の展開以降の流れについても、生産現場のものづくり人材の場合、新卒は高校卒が主力であるから学校推薦による採用となる。他方、中途採用や非正社員の採用では、一般公募などが中心であるから、新卒者とは異なるプロセスを経ることになる。

（2）　採用と人材養成に係わる多様な取り組み

　次に、近年になって政策的に導入されたり、活発化してきた、採用に係わる多様な取り組みに着目したい。以下のようなものが挙げられる。

①　日本版デュアルシステム（実践型人材養成システム）
②　トライアル雇用
③　インターンシップ（とくに採用型）
④　非正社員から正社員への登用

　これらに共通する特徴を挙げてみると、第1に、一定の就業経験をふまえて、正規の採用もしくは正社員への登用につなげていくという性格の方式であるといえる。就職後、短期間での離職が増大していることが問題視されているが、その要因の1つとして仕事内容や職場環境をめぐるミスマッチが挙げられる。従来の会社訪問、工場見学、面接などでは十分に了解されにくいことから、仕事や職場の具体的な様子について、会社と求職者の双方が十分に納得のいく情報を得て正規雇用に至るプロセスとして注目できるものである。

　第2に、2000年前後から大きな社会問題とされてきた若年者の失業やフリーター、ニートへの対策の一環という意味をもっていることが指摘できる。とくに就職氷河期といわれた時期に学校を出て、不本意な就業を余儀なくされてきた若年者などの「再チャレンジ」に対する支援策として、また、これから労働市場に出ていく若年者のキャリアデザインに役立つ施策として期待されているものである。

3. 募集・採用の基本的な取り組みと工夫

　以下では、中小製造業の具体的な取り組み事例を紹介しながら、募集・採用への基本的な姿勢・方針、新卒採用の活動、中途採用の活動、非正社員の採用と正社員登用などの工夫、留意点について検討してきたい。

　なお、参考事例集としても活用していただけるように、企業事例はできるだけくわしく紹介している[4]。

（1）経営ビジョンの明示と採用方針

　まず、はじめに取り上げるのは、企業の経営ビジョンを掲げ、それと人材採用の方針・計画とを統合させている事例である。経営ビジョンと採用計画を関連づけることは、当然のことと思われるだろうが、現実的には、そのときどきの経営状態や人材需給動向に左右されて場当たり的になりがちである。

　以下の事例1-1では、ナンバーワンの「開発支援企業」になるというビジョンを定め、その実現に必要な人材を採用する計画を進めている。また、人材像については、「人が成長する企業文化」をつくるという理念に適合した、意志・意欲のある人材を求めようと考えている。次に、事例1-2では、「現場主義」という基本方針のもとに、工業高校卒の適応性の高い人材を採用している。

　このように、経営ビジョンや採用方針を明確に掲げることで、場当たり的な採用活動から脱し、自社の理念に適合した、統一的なイメージの人材を確保することにつながるといえよう。

＜事例1-1　企業のビジョンと人材イメージの統合＞

1. 企業の中長期ビジョンと採用計画

　同社は、一昨年まで採用を抑制していたが、昨年、今年と10名の採用を行った。

　この背景には、景気回復と生産活動の活発化とともに、会社としてのビジョンが提示されたことがある。同社は毎年1回、社員全員が参加する合宿を行って、会社のいろいろな点について話し合いをしているが、その際に社長が中長期のビジョンを示した。

　そのビジョンは、ナンバーワンの「開発支援企業」になるというもので、量産ではなく、新製品開発のための試作品を作成することに、自社のミッションを定めた。そのためには、顧客のニーズを待つのではなく、先手を打って、提案を出していく活動を展開していくこととなった。そこから、ビジョンの実現に必要なリソースとして、年間に10名ほどの人材を採用するという計画が出された。

2. 人材イメージの明確化

　同社は会社の理念として、「人が人として成長する企業文化をつくる」ということを掲げている。この理念の下、求める人材としては、未経験者でも「ハートが大事」で、「ものづくりが好きな人、やりたいという意欲のある人」を重視し、とくに「成長するイメージのある人」が自社に適していると考えている。

　そこで、面接の際には、「この会社を通して、自分は何がしたいか、将来どうなりたいか（例えば、一人前のエンジニアになりたい、○○のスキルをレベルアップしたい、人をまとめたいなど）」を聞いている。そして、自分はこうだと言い切れる人、自信をもってこうしたいとストレートに表現できる人をとくに求めている。

＜事例1-2 「現場主義」による高卒者の戦力化[5]＞
1．人材確保の基本方針

同社は、人材育成をすべて社内で行う方針であることから、新卒者の採月が中心になっている。2003年度は3名の採用を行った。

その際、「現場主義」の考えをもとに、工業高校から採用を行い、実践の中で技術力と知識を高めていくことで、十分競争力のある人材を確保することができている。社内に蓄積した技術があるため、教育の基礎はOJTが中心となっている。先輩が後輩を指導することで、高い技術力を維持している。

また、同社によれば、知識が専門的に集約されていないため、広範囲な知識習得や思考がしやすいことも工業高校卒業者の利点であるという。可能性の幅が広い分、多方面に適応が可能であり、必要になれば専門的な知識の習得の機会を与えることで対応ができる。

2．重視するスキル、能力

同社では、ひとつの枠にとらわれることなく、客先の要望に対して柔軟に対応できる「しなやかさ」が必要であり、また、知識と技能・技術を吸収する意欲が求められる。

ひとつのテーマに対しては、基本的な設計から組み立て、完成までを一貫して行うシステムを形成している。したがって、最後まで責任をもってやり遂げる気持ちも重要になる。また、客先との対話の中から、次に何が必要になるのか、技術的なテーマを見つけ出す能力も要求される。

（2） 積極的な新卒採用の活動

中小製造業といえども、定期的な新卒採用の活動をつづけている企業がある。これには、とくに2つの要素が重要であると思われる。1つは、経営者の強い意志である。事例2-2では、従業員の年齢構成に断層ができないようにすること、すなわち人員構成のバランスを保つことをとくに心がけている。もう1つは、やはり新卒採用は一朝一夕にできること

ではなく、地道な学校訪問と教師（就職指導担当など）とのコミュニケーション、多様な機会を活用した会社のPR活動が欠かせないということである。この点は、どの事例にも共通している。

また、採用活動の際の工夫として、自社の魅力、特色やアピールポイントを明確化することが求められる。例えば、事例2-3は、会社のイメージ向上を図り、「3K職場」のイメージを克服してきたケースである。

なお、本稿に掲載した事例から、中小製造業の求める人材の要素を整理してみると、①基本的な素養・常識・マナー（計算能力、手先の器用さなどを含む）、②会社の方針との適合性、③まじめできちんとしている、④ものづくりへの興味・意欲、といった事柄が挙げられる。

＜事例2-1　地道な新卒採用の活動＞

1. 募集活動の取り組み

　同社では、毎年、2～3名の従業員を採用しているが、高等学校からの新卒採用だけですべて充足している。採用しているのは、近隣の高校からで、同社の経営者が学校訪問し、教師とのコミュニケーションをとるという、地道な活動を30年ほど前から行ってきた。また、同業者団体の会合に顔を出して、会社のことを知ってもらうとか、地域の工業高校の役員にも就いているなど、幅広い社会活動にも携わっている。こうした取り組みのなかで、同社の評判が浸透してきて、学校から「こういう子がいる」と適当な生徒を推薦してくれるという。

2. 人材の条件

　ただし、同社は、高校の専攻や特別な適性、能力にはこだわっていない。採用する人材の条件としては、基本的な素養（読み書き、計算など）や常識（新聞を読むことなど）を身につけていればよいと考えている。

第1章 募集・採用方法の工夫・改善

＜事例2-2　新卒採用への意志とマッチングの重視[6]＞

1. 新卒採用の流れ

同社は毎年2～3名の新卒者を採用している。これは、「どんな時でも従業員の年齢構成に断層がないようにする」との社長の強い意向によるものである。

新卒採用のプロセスは、①合同説明会、②会社訪問、③役員面接の3段階で進められている。その中から、①合同説明会、②会社訪問を紹介しよう。

2. 合同説明会

第1段階の合同説明会は、同社が会員となっている中小企業家同友会の会員企業50社と合同で都内のビルで行われている。合同説明会で、同社は会社の実態をきちんと説明するように心がけている。人事部長はその説明内容をこう紹介している。

「わが社は『鉄の臭いがする町工場』です。しかし、世界有数のM電器産業は創業当初、町工場でしたが、今では大企業に成長しています。このようにあなたたちの努力次第で企業を大きくすることができます。」

しかし、こうした夢物語的な話ばかりするのではなく、同社に来てもらって説明会や工場見学を行っている。この他に、手弁当で大学などに求人活動を行ったり、年に2～3回、関東地域の大学・短大の就職担当者との懇談会を実施している。

3. 会社訪問

合同説明会の後に行われる会社訪問は、丸一日をかけて行われる。午前は同社の概要説明が、午後は筆記試験がそれぞれ行われる。その状況について人事部長はこう説明する。

「説明会では、会社方針・事業部方針を説明し、自分の考えと会社の考えが合っているかどうかを確認しています。合わない人には午前の説明会が終わったら、帰ってもらうようにしています。後ろ向きの人が入社

してもすぐに辞めてしまうからです。」

＜事例2-3　多様な機会を利用した会社のアピール＞
1．新卒者の採用活動

　同社は、一時は不況で採用をストップしていたが、中国などでの需要拡大にともない、ここ3年ほど採用を拡大してきている。年間で、高校の新卒者を10～15名、中途採用を40名ほど採っている。

　高校新卒者の採用活動としては、同社の総務室（人事業務も担当）のメンバーが、県内の高校を中心に募集のための訪問にひたすら歩いている。専攻は、普通科も工業科もとくに区別していない。

　また、多様な機会を通じて、同社のPRをすることを励行している。例えば、高校の見学会という形で、先生との情報交換をしたり、地元の雇用対策協議会という組織があり、ここで学校関係者と経済団体関係者との交流が行われている。あるいは、商工会議所主催の会合もあり、ここでも企業と学校との意見交換会、懇親会などがもたれている。こうした様々な会合などが、自社のことをアピールしたり、募集・採用の意欲があることを知ってもらうよい機会になっている。

2．自社のアピールポイント

　同社は、現在地で40年以上営業していることに加え、鍛造という業種では大手に数えられ、また、S県内に本社をおく数少ない企業である。こうしたことから、アピール効果が大きく、地元の高校生の父母によく知られている。このような知名度、安定したイメージなどがかなりプラスに働いているという。また、その高校のOBも何人も入っているので、学校からの生徒の推薦ももらいやすくなっている。

　なお、同社は、会社説明会などの折に、取引先（顧客）が一流のところで、安定性があるという点に加えて、「日ごろ行っている仕事がこういう分野に役立っている」と訴えている。そうした結果、応募者に興味をもってもらえるとしている。

3. 求める人材のイメージ、条件

　同社は、人材像として、「真面目にきちんとできる人」がよいとしている。ただし、あまりおとなしい人よりも、「少しやんちゃなタイプ」のほうが長続きするという。また、「スポーツ会系のほうが、ハキハキして元気があってよい」とも語っている。応募してきた生徒の履歴書、成績証明書もみるが、体力を要する仕事なので、「欠席がないこと」や「健康状態」をとくに気にしている。

　また、面接では、「ものづくり、機械操作が好きかどうか、興味があるか」について聞いている。工場では、昼夜の二交替制勤務で、油でドロドロに汚れる作業もあるので、それでも耐えられるような興味・関心をもっているかを確認している。面接の前には、工場の現場見学を行っており、その結果、自信をなくした人は応募を取りやめるという。

　以上のような選考のプロセスがあるが、高校推薦で応募してきた生徒は、同社は基本的に採用するようにしている。

（3）　中途採用による人材確保

　ものづくり人材の中途採用の場合、新聞の折り込み広告を中心としつつ、求人情報誌、ハローワーク、縁故など多様なルートが活用されている。人材の条件は、①年齢不問、②未経験者、③ものづくりへの興味・関心・意欲、④会社の方針への共感などが挙げられている。以上のように、事例をみる限り、具体的な採用条件を設定するよりも、意欲・関心などメンタルな要素が指摘されていることがわかる。

　本稿の事例では、経験者や即戦力の採用はほとんどみられなかった。これは、必要な職務に適合する技能者がくる可能性はきわめて低いという理由もあるが、むしろ積極的な意味で、意欲のある未経験者を採用したいという思いがあるためである。

　ただし、即戦力型の人材を採用したいとすれば、ハローワークの活用の他に、地域の同業者や友人・知人関係のネットワークを構築しておき、

そこから情報を得てくる方法が有効であると思われる。

＜事例3-1　中途採用の公募と幅広い採用＞

1．中途採用の一般公募

　中途採用の一般募集は、新聞の折り込み広告を使って行っている。内容、条件は、①年齢不問、②製造の業界に興味がある人、③仕事は加工作業、軽作業、④意欲のある人はCAD・CAMもできる、というものである。年齢不問とあるとおり、同社は全く年齢制限はしていない。公募の中途採用では30～40歳代が多く、同業者からの紹介では50～60歳代が多くを占める。

　応募してきた人については、選抜することはなく、ほとんど採用しているが、定着が悪く、自分から辞めていく人が多いのが、同社の悩みである。過去の例では、6、7人採用して、3ヵ月の試用期間をおき、1年まで残っている人は3人だという。同社が応募者の選抜をしていないのは、人材不足というだけではなく、実際に作業させてみないとわからないという理由も大きい。「自分は器用だ」と言ってきても、現場でやってみるとダメだったり、働いてみて「化ける」ような人もいるからである。

2．求める人材のイメージ

　同社によれば、ものづくりの業種という意味では、突きつめれば奥が深いものがあるが、ある程度の計算能力と手先の器用さがあれば、十分にやっていけるとしている。ただし、人により、数字を扱うのが苦手な人、計算はできても手先が不器用な人などいろいろあり、「トータルのセンスが大切だ」と同社は考えている。

＜事例3-2　未経験者でやる気重視の採用[7]＞

1．「経験者以外でやる気のある者を歓迎」の採用戦略

　この3年間で従業員数を3名から23名に急拡大してきた同社は、近

年、「経験者以外でやる気のある者」を採用基準に中途採用を実施し、成功を収めてきている。

かねてより同社は、採用ルートを取引先や知人の紹介もしくはハローワークとしていたが、当初は、このルートを活用しつつ、経験を重視した採用活動を行っていた。しかしながら、なまじ経験があるために、同社の基本戦略ともいえる短納期対応の受注に対して、「それはムリだ」とか「2日かかるのが当然だ」などの発言が多く、期待したほどには戦力とならないケースが少なくなかった。

こうした状況を打破すべく、同社はあえて採用基準から経験という要素を外し、「やる気がある人を採用し、長期的に戦力化する」という戦略に切り替えた。社長によれば、「経験者は短期的には生産性を高めると思うが、長期的に考えたときは、やる気があって吸収力のある未経験者（他の仕事の経験はある人）の方が、生産性にとっても、チャレンジする企業風土づくりにとってもプラスに寄与する」とのことである。

2. 応募者の評価

やる気の有無については、社長自らが面接をして、徹底的に話し合うことで判定する。取引先や知人の紹介もしくはハローワークを経て同社に応募してくる求職者について、社長は「まずは電話での話し方でふるいをかける」という。これを通過した者について社長が直接面接し、さらにこの面接を通過した者に対して社長がもう一度直接会い、社長自身の思い（どういう会社にしていきたいか、どういう製品を手がけていきたいかなど）を説明して、これに共感できるかどうかを確認する。面接を通過して採用に至る比率は、30人に会って1人か2人程度だという。

（4） 非正社員の採用と正社員登用

ここで取り上げている方式は、中途採用のバリエーションの1つとも捉えられるが、採用時点では非正社員か、または派遣社員として就業しはじめ、その後で一定の手続きを経て、正社員になっている。非正社員

の形態は、準社員、契約社員、アルバイトなど多様である。

この方式が活用される背景としては、面談や採用試験だけで適材を判断するのは難しいという理由があるため、一定期間の就業経験をもつことで、本人の働きぶりによる評価・判断の情報が得られるというメリットが指摘されている。すなわち、人材の見きわめ期間あるいは試用期間をもつという意味が込められている。

正社員登用へのプロセスは、企業によって異なる。事例4-2、4-4では、本人の働きぶりをみるとともに希望を聞いて、そのときどきの人材ニーズに応じて正社員化している。なお、派遣社員の場合は、直接の雇用関係がないので、派遣元の了解など注意が必要である。一方、事例4-1、4-3は、あらかじめ正社員登用があることを明示して、システマティックに進めているケースである。

＜事例4-1　準社員の採用と正社員登用＞

中途採用では、求人媒体としてハローワークと求人情報誌を活用している。中途採用の場合、まず準社員として採用される。準社員の処遇は、年齢と経験を考慮した日給月給制で、退職金も支給される。そして、この準社員として3年の勤務をへて、働きぶりをみた上で、正社員に移行することになっている。

このように中途採用でいきなり正社員を採ることは少ないが、これは採用の面談などで応募者を評価するのは難しいので、実際に働かせてみて判断するようにしているためである。

＜事例4-2　アルバイトの採用と正社員登用＞

同社は、現在、4名のアルバイトを雇用している。

募集は求人情報誌（フリーペーパー）で行っており、条件は時給1,000円で、職種は製品の梱包・発送、簡単な加工作業である。高卒または高校中退のフリーターの人が中心だが、比較的定着はよいという。

第1章　募集・採用方法の工夫・改善

　これまでに3名ほど、アルバイトから準社員をへて、正社員に登用したケースがある。1～2年まじめに働いてきた人を対象に、本人の希望とともに、欠員が生じたときに会社から声をかけてみて、うまくタイミングが合ったときに正社員登用に至っている。

　この他、派遣社員についても、1年勤務した後に直雇用に切り替えたケースが数名ある。

＜事例4-3　契約社員の採用と正社員登用＞

1．中途採用の実施状況と募集内容

　同社は、年に40名とかなり多くの中途採用を実施しているが、媒体としては、ハローワークが最も多く、次いで求人広告（新聞折り込み）、人の紹介となっている。

　募集の内容（条件など）は、①職種：プレス・オペレーター（鍛造作業）、②年齢：40歳以下、③基本給：15万5千円～22万円、④各種手当あり（残業、交替勤務、深夜勤務、特殊作業＝プレス）、⑤雇用形態：契約社員（正社員登用あり）、としている。

　応募者の人数はそこそこあるが、作業現場をみて、自分のイメージと違うと感じて、辞退する人がある程度出ている。また、応募者の大半が未経験者で、同社としてはできれば経験者がよいとしているが、経験者は1割もいないという。

2．人材の選考

　面接でのチェックポイントとしては、「どういう気持ちで来たのか」という志望動機を重視している。「自分の意志をはっきり言える人、説明できる人」という点が一番大きいと考えている。

　選考の結果、採用になるのは応募者の1～2割である。40名採用するのに、数百人と面接を行っている。希望者がいれば、随時会っている状態で、いつも採用活動をしているのが実態である。

3. 雇用形態

　採用が決まると、半年間は、契約社員という雇用形態で勤務することになる。これは、賃金、労働時間、仕事内容などの就労条件は正社員と変わらないが、半年間の試用期間をおくという意味をもっている。半年後、面接をへて、正社員に登用されるが、従来のケースでは9割以上が正社員になっている。

　＜事例4-4　派遣社員から正社員への登用＞
　同社は、事務関係も含めて、60名の派遣社員を活用している。この派遣社員のなかには、ごく短期間で辞める人もいる一方で、年に2～3名ほど直雇用（正社員）に切り替わる人もいる。これらのケースでは、本人の仕事ぶりをみて正社員と遜色ないと感じられるような人に、会社のほうから声をかけている。もちろん、正社員に移行する際には、派遣元と本人の合意を得た上で実施している。

4. 採用と人材養成の統合システム

　ここでは、比較的近年になって注目されてきた方式や、最近、政策的に導入された取り組み事項を取り上げている。具体的には、日本版デュアルシステム（実践型人材養成システム）、若年トライアル雇用、インターンシップ（採用型）の3つである。これらは、人材の採用と養成を関連づけ、企業と求職者が相互に適性を確認しあうプロセスを組み込んでいたり、あるいは学生（生徒）の時期にキャリア形成への準備・学習をして、職業への移行がスムースに進むように促すという特徴をもっている。

　（1）　日本版デュアルシステム（実践型人材養成システム）
　この日本版デュアルシステムは、職業訓練機関（公共職業訓練施設、

専修・専門学校を含む)での学習(座学)と、企業での実習を組み合わせて、より効果的な職業訓練を行いつつ、就職につなげるねらいをもっている。なお、日本版デュアルシステムは、2006年の職業能力開発促進法の改正により内容が改定され、現在は「実践型人材養成システム」という名称になっている。くわしい内容は、章末の解説を参照していただきたい。

事例は2ケースを取り上げているが、いずれも実習後に採用に結びついており、他社に実習に行った生徒が採用できた例もみられる。ただし、本人(実習生)の希望が第一に尊重されるため、企業側としては、説明会で自社の紹介、アピールをする際の工夫や、職場実習での指導のしかたやOJTなどの対応のあり方、あるいは受け入れる職場の雰囲気づくりやコミュニケーションのとり方に留意することが大切であろう。

例えば、事例5-2では、企業は上下関係のない溶け込みやすい組織であり、人材を選別せず広く受け入れていることを強調している。また、実習生は目標意識をもち、初歩的な訓練を受けていることが、この方式のメリットとみられている。

＜事例5-1　半年間の実習で職場の一員に＞

1．実施の概要

同社は、高等技術専門校・機械科(デュアルシステム)の協力企業として、平成16～18年までの3年間で4名を採用している。年齢は、高卒で専門校に入った19歳の人から、最高齢は33歳の人までにわたる。同社としては、年上の人を教えるのはやりにくいので若い人のほうがよいと思っていたが、「当人の人間性をみて問題なさそうだった」ので採用したという。

なお、4名のうち2名は、6ヵ月間他の会社で実習を受けてきたが、実習先の会社で合わなかった。友人どうしで情報交換や話し合いをして、同社を希望することにしたという。

2. デュアルシステムのプロセス

デュアルシステムの実施の流れをみると、次のようになる。

① 初めに、数ヵ月の座学で、高等技術専門校で基礎的な学習をする。
② 専門校で説明会が開かれ、企業ごとに紹介、PRをする。同社は、パワーポイントを使い、写真や動画で現場の様子を具体的に説明した。
③ 生徒が実際にエントリーし、実習先の会社を決める。あくまでも本人の希望で実習先に来るので、会社側は人を選べないことになっている。
④ 実習の期間中は週4日職場に通い、金曜日だけ専門校へ行って、追加の学習をする。
⑤ 実習が始まって4～5ヵ月で、採用の可否の話をするが、このときは専門校の担当教員が来て協議をする。これまで、同社は実習生全員（5名）に内定を出したが、1人だけ辞退者がいたという。

3. 実習の進め方

実習生を受け入れるにあたり、同社は、新卒採用の導入と同じく、通常のOJTとして進めている。スタート時の注意点としては、就業規則のルールを教え、安全管理のビデオをみせて、機械操作中の注意点を指示している。例えば、加工作動中は危険なので、扉を開けてはいけないなど、高額な機械を壊さないようにするためである。

実習生はまず、とっつきやすいNC機やマシニングセンターを扱うようにしており、監督職（係長）か先輩社員がついて、段取り、プログラミング、品質管理などを学んでいく。6ヵ月間の実習をやると、よほどひどくない限り採るようになるという。半年も来ていれば、「だいたい職場の一員という感じになる」と同社は語っている。

4. デュアルシステムの評価

同社は、デュアルシステム実施の初年度から参加しているが、人が欲しかったところに、ちょうど高等技術専門校からこの話が来たので、う

まくマッチしたとしている。実際に実習生を受け入れてみた感想として、面接だけで人物を判断しようとしてもわからないので、半年間つきっきりになる手間はかかるが、このような「お試し期間」があるのはよいことだと評価している。

＜事例5-2　上下関係のない組織で、人材を広く受け入れ＞
1. 参加の経緯

　同社がデュアルシステムに参加するきっかけは、景気が上向きになり仕事が増え始めて、人手が必要になったことにある。一時は、製造への派遣を活用したこともあったが、長期的に安定した人材として期待しにくいため、社会保険労務士の紹介で高等技術専門校からデュアルシステムの話を聞いた。

2. 企業説明会でのアピール

　訓練生への企業説明会には同社の専務が出席した。製品のサンプルを持参して、パソコンを使いながら、職場環境の紹介と、作業内容や労働条件の説明を行った。

　また、とくに会社の特徴のアピールとして、同社は「上下関係のない組織」であることを強調している。これは、技術専門校の生徒には、こうした人間関係的な面を気にする人が多いためであるという。やる気はあるが、人と接するのが苦手という生徒のことを配慮して、同社では機械との対応が中心で、人との接触は少ないことをよく説明している。

3. 生徒の受け入れ

　デュアルシステムでは、生徒が実習の希望を出すのが前提になるので、事前に企業訪問、面談を行う。数人いっしょに面談し、現場の見学をさせて、作業内容、労働条件などをよく把握させている。

　生徒の受け入れにあたって、同社の大きな特徴は「誰でも広く受け入れる、来るものは拒まず」というところにある。「ウチの会社には、怖い人は社長以外はいない。仕事でうまくいかないことや失敗があっても

切られることはない。一度、ドロップアウトしたような人でも、とりあえずウチでやってみるとよい」というのが、同社のアピールポイントである。

4. 現場実習のプロセス

半年間の現場実習は、以下のような手順で行われている。

① 最初に、手作業でものをつくる
② 加工作業をしながら、マシニングセンターなどの機械操作を覚える（ここまで、2週間～1ヵ月）
③ 測定具の扱い方を覚える
④ 刃物のセッティングを習得する（オペレーターの初歩）
⑤ 実際に加工物を削る（3ヵ月～半年）

以上が標準的なパターンだが、人により進度がまちまちなので、その人の技量に合わせて作業を与えているという。

5. 実習での対応と留意点

現場実習にあたり、1期生（初年度）は専務が対応し、3期生は正社員になった1期生が対応した。その他、現場の熟練技能者が面倒をみることもある。

前述の手順に加えて、トラブル処理や緊急対応までできれば一人前だと同社は捉えているが、これらは3年目くらいになってある程度できるようになるという。実習生の場合は、トラブルがあったときや段取り代えのときには、必ず正社員がつくようにしている。また、わからないことがあれば、誰にでも聞くようにし、何でも連絡、報告するように、同社では促がしている。口の重たい人には苦しいかもしれないが、このようにして、だんだんと先輩たちとのつながりができてくるし、何かあったら作業にストップをかけて、トラブルを抑えるという意味ももっている。

ちなみに、同社はコミュニケーションのとれる雰囲気、上司に話しやすい雰囲気をつくることが、不良品の発生を抑えることにつながると考

えており、そのために、朝礼、ミーティングから、ボーリング大会のようなレジャーの機会までもつようにしている。

6. 実習生の様子と評価

これまでの実習生の受け入れ実績をみると、20歳から30歳代半ばまでの人が来ている。一般募集に比べると、第1に、やる気があり、目標意識が明確になっている、第2に、機械科で勉強して、初歩的な訓練を受けている、という点で同社は評価している。とくに、好奇心が旺盛で、新しいことを学んでみようという意志のある人は、よく伸びるとみており、積極的に受け入れるようにしている。

同社に入った実習生は、比較的高年齢の人が多く、また、学校を止めたり、仕事を退職したり、引きこもりのような状態だったりなど、ドロップアウトの経験がある人も少なくない。しかし、そうした人たちが30歳前後になって、いわば「背水の陣」で専門校に入ってきている。以上のような、実習生の採用を通じて、デュアルシステムはまさに再チャレンジの機会として機能すると同社は評価している。

(2) 若年者トライアル雇用

この若年者トライアル雇用も、厚生労働省の事業として2001年12月から開始されたものである。若年者（35歳未満）の他、4つの対象労働者のタイプがあるが、いずれもハローワークが紹介する人を短期間（原則として3ヵ月間）試行的に雇い、その後の常用雇用への移行やきっかけづくりを図るというものである。なお、くわしい内容は、章末の解説を参照していただきたい。

事例（6-1）では、正社員とほぼ同様の月給制の処遇でトライアル雇用に入り、その3ヵ月間は個人に合わせたOJTを実施している。同社にとって、トライアル雇用の期間は本当の「仕事の入り口」という位置づけだが、常用雇用への見きわめの期間としては十分だとみなしている。また、奨励金の支給があることについても、給与の一部が補填されるメ

リットがあると評価している。

＜事例6-1　仕事への導入と見きわめ期間として有効＞

1. 実施の経緯と条件の設定

　同社は、ハローワークを通じて募集する際に、ハローワークからトライアル雇用という制度があることを聞いた。

　2名のトライアル雇用を実施するにあたり、本人との面談で配属先を決めた。同社として、人材不足のために補充したい部署は決めてあったが、本人とも相談の上、最終的に決定した。

　トライアル雇用の取り決めには、指定の書類（ハローワークへの求人票、トライアル雇用求人関係資料）があり、それには給与などの条件を明記することになっている。給与は月給制で、おおむね同年齢の正社員のレベルに合わせて決めたという。また、労働契約書も作成しており、そこには勤務日数、労働時間などを記載している。

　なお、トライアル雇用の期間は原則として3ヵ月となっており、この期間を満了する際に、本採用にするかどうかを決定することになる。

2. 対象者の特徴

　トライアル雇用の対象者2名のプロフィールは、次のとおりである。

　Aさん（34歳）は、職業訓練校に通っていた人で、CADを使った経験もあった。同社の製造部門で、成型品と金型を作成する仕事につくことに決まった。

　Bさん（23歳）は、大学を卒業後、就職が決まらず、1年経っていた。同社には、営業として勤務することになった。

3. 職場への導入

　次に、実際に職場で勤務しながら、教育を受ける段階に入るが、同社は一人ひとりに合わせてOJTをやるほうが現実的だと考えている。座学の部分については、他の同期入社のメンバーといっしょに、折をみて勉強会を実施している。

先のAさんの場合、成型機の操作などは全く知らなかったので、トライアル雇用期間の3ヵ月は本当の「仕事の入り口」という位置づけになった。最初は、そもそも職場でやっている業務を教え、そうした業務のなかで「Aさんの役割はこれこれだ」と説明する。そして、「最終的にはこうなってほしい」という姿を示している。

手始めは、成型品のバリ取りの作業からスタートした。同社の成型品は小さいものが多いので、1ミリ未満のものを刃物で削るような、細かい作業になる。この作業をしながら、バリが出るのは、その元になる金型の出来が悪いからだということを知ってもらい、業務の一連の流れを理解させる。こうして、成型機のオペレーションをする際の基礎認識をつくっていく。

なお、職業訓練校での教育は多少は役立っていると同社はみている。例えば、CADの操作などは、早い遅いの個人差はあるが、誰でも覚えられる。しかし、そうした学習の成果を仕事でどう活かすかが、職場のエンジニアの本領だという。

4. トライアル雇用の結果と評価

同社はトライアル雇用で2名を受け入れたが、1名(製造作業)は本採用になったものの、もう1名(営業)はトライアル雇用の期間中に辞めた。本人の体調の不良が原因だったという。

トライアル雇用の評価について、同社は、3ヵ月という期間は見きわめの期間として十分だとみている。本採用できる人は、早い段階でわかるという。また、未経験者を採ることは会社にとってはリスキーだが、奨励金の支給で給与の一部を補填されるという点も意味があるとしている。同社は、今後また機会があれば、トライアル雇用を実施したい意向である。

(3) インターンシップの受け入れ

インターンシップも近年、注目され、また広く実践されてきているプ

ログラムである。政府においても、「経済構造の変革と創造のための行動計画」（平成9年5月16日閣議決定）、「教育改革プログラム」（平成9年1月24日文部省）のなかで、インターンシップを総合的に推進することとしている。ここで、インターンシップは、「学生が在学中に自らの専攻、将来のキャリアに関連した就業体験を行うこと」と捉えられている[8]。

　事例7-1では、高校生を対象に、1週間から1ヵ月に及ぶ「職場体験」という方式で実施しており、技能者として手に職をつけることへの意識づけ、啓発も行われている。また、事例7-2では、大学と高等専門学校の学生を受け入れているが、高専の学生は採用に結びついている。ここでは、指導をする若手社員をつけて組織への適応を促すとともに、短期間でいろいろな職場を経験できるような工夫をしている。

＜事例7-1　職場体験で、技能の大切さを学習させる＞

1. 受け入れの経緯と内容

　同社は、新卒採用とともに、インターンシップの受け入れにも、以前から積極的に取り組んできた。インターンシップという言葉も使われていなかった30年も前から、「職場体験」とか「アルバイト」という言い方で行ってきた。多い年には、10名も来たという。

　具体的には、高校1～3年の生徒が、毎年3～4名ほど、夏休みの期間に、1週間から長い人では1ヵ月くらい、インターンシップで通ってきている。賃金は時給1,000円を支給している。同社によれば、アルバイトのイメージに近いとしているが、「あまり難しく考えずに、1つの職場体験として、どんな仕事か体験してみたい」という感覚で、高校の教師の紹介で来ている。なお、このインターンシップはとくに採用を意識したものではないが、これまでに経験者のうち3名が正社員になっている。

第1章　募集・採用方法の工夫・改善

2．実施のプロセス

　インターンシップの参加者は、高校の教師と相談してから来ているので、一応、ものづくりの会社だということは理解している。とはいえ、同社としては、生徒たちは素人で何も知らないというところからスタートしている。

　まず、初めに、生徒たちは会社の応接室に通され、会長から「先輩たちはこういう資格をとっている」とか「長年やっていると、いろいろな技能が身についてくる」という説明を受ける。このときに、「これからは学歴よりも、手に職をつけるのがよい」という会長の年来の思いも伝えている。また、誰でも知っているような大手の電機メーカーやコンピュータ・メーカーから褒められる仕事をしてきたと、小さいながらも一流の会社であることもアピールしているという。

　実際に職場で働く段階になると、職場のリーダークラスの人がついて、「この子はこういう仕事が合っている」と見分けている。最初は、新入社員と同じく、金属の板を削る作業をさせるが、その際に、手早くきれいにできているか、テキパキと行動しているかなどをみて、判断しているという。

＜事例7-2　若手社員がついて現場実習＞

　同社はいろいろな機会を利用して会社のアピールをしているが、インターンシップもその1つである。これには、大学と高等専門学校の両方があり、大学生は10日以内、高専の生徒は5日としている。

　とくに高専の場合、今年は3名の生徒が同社に採用された。就職したい希望をもっている人を紹介してもらうようにしており、結果的にうまく採用に結びついている。

　インターンシップでは、5日間で各部署を1～2日ずつ経験できるようにしている。高専の生徒は学校でもある程度やっているので、なじみやすいという。生徒の面倒をみるために、兄貴のような感じの若い社員

をつけており、昼食も一緒にとるなどして対応している。このようなインターンシップの受け入れは、若手の社員にとってもメリットがある。他人に教える立場になると、いい加減なことはできないので、自分も勉強しなければならない。その結果として、社員自身も仕事を覚えていくという。

5. 職場環境整備、企業イメージの向上

　これまでは、多様な採用方法の工夫について、事例を挙げて論じてきたが、最後に取り上げるのは、職場環境整備や企業（工場）のイメージ向上の取り組みである。採用活動で自社のアピールをする際にも、こうした基本的な職場環境整備の努力があってこそ、効果的なPR活動につなげることができるのであり、まさに会社全体としての魅力づくり＝採用力の向上が問われているといえよう。いわゆる3K職場的な作業工程では、困難な面もあろうと思われるが、以下の事例が参考になるだろう。

　事例8-1は、自治体の「優良工場推進運動」のモデル工場に認定されたケースで、外観、内装ともカラフルなトーンを基調とした工場になっている。同社で従業員が増えている一因には、こうした取り組みも寄与しているという。また、事例8-2は、労働時間（とくに残業）の短縮、重筋作業の軽減、工場内の清潔さの維持、冷暖房の完備などに取り組んだ結果、新卒（とくに女性技能者）の採用、定着率の向上に結びついた好例である。

　　＜事例8-1　工場外観のデザイン向上による魅力づくり[9]＞
　同社の工場は、墨田区の「優良工場推進運動（中小企業のものづくりのすばらしさ、働きがいをPRし、魅力的で働きがいのある職場づくりを目指していくことにより、区内企業のイメージアップ、人材の確保の一助とする運動）」の一環として展開されている、「フレッシュ夢工場」

第1章　募集・採用方法の工夫・改善

のモデル工場として認定されている。これは、2000年に新設された工場で、外観、内装とも現代風でカラフルなトーンが基調となっている。従来の工場というイメージとは大きく異なり、デザインスタジオを彷彿させる印象をも抱かせる仕上がりになっている。

　同社において従業員数が急増している背景には、こうした取り組みも寄与していると推察される。

　＜事例8-2　職場環境改善と女性技能者の採用[10]＞
　同社は、20年ほど前までは、夜遅くまでの残業が恒常化しており、重い鋼材を扱い、油に汚れながら旋盤を操作する、3K職場だったという。そこで、とくに労働時間について、残業を削減する、週1日は早く帰るなどの取り組みを行なって、1990年代半ばには週休2日制を採用し、現在では年間休日125日を実現している。

　職場環境についても、旋盤を扱い油を多用するにもかかわらず、工場内は清潔さが保たれているだけでなく、作業負担を軽減するためにクレーンが増設され、冷暖房も完備している。また、若い技能者が働くNC旋盤を使う部門では、BGMも流されている。

　同社では、毎年新卒者を採用しており、定着率も非常に高い。1988年には、女性技能職（高校新卒）を初めて採用でき、このときに3Kから脱出できたことを実感したという。現在も、5名の女性技能者が働いている。

6. まとめ

　本章では、まず、景気回復と人材不足の傾向のもとで、一般的に若者の製造業離れ、ものづくりへの関心の低下がいわれるが、アンケート調査結果を用いて、そうした既成観念が必ずしも妥当しないことを示した。すなわち、若年者の多くは、「技能をみがき、ものづくりをすること」

に対して、やりがいや将来性を感じ、自分もやりたいと考えており、また、そうした若年者は仕事内容や学習、社会的貢献などを重視している。バブル崩壊後の長期不況とともに、大企業や有名企業への社会的信用が薄れ、日本企業の雇用システムの信頼感も大きく揺らいできた。その反動として、規模は小さい企業でも、技能を身につけて自分の腕で生きる働き方や、自分の成長を追い求めたり、面白さを感じられる仕事に打ち込みたいというポジティブな志向性が芽生えているように思われる。

一方、中小製造業の人材募集・採用への取り組みはどうなのだろうか。求人難といわれるなかで、募集・採用に積極的かつ多様な取り組みや工夫を行っている企業の事例から、いろいろな示唆を得ることができた。

第1に、募集・採用の基本的で地道な取り組みと工夫については、①経営ビジョンの明示と採用方針との統合で、統一的な理念をもって人材確保を図ることの意義を確認するとともに、②定期的な新卒採用には、経営者の明確な意志と地道な学校訪問や会社のPR活動、そして自社の魅力・特色やアピールポイントの明確化が求められることが示唆された。また、新卒以外の人材を一般労働市場から採用する方式については、中途採用のバリエーションとして、③初めは非正社員（準社員、契約社員、アルバイトなど）の身分で採用し、一定の勤務経験をへて正社員に登用する方式が有効とみられていることがわかった。

第2に、比較的近年になって注目されてきた方式や、政策的に導入された制度として、日本版デュアルシステム（実践型人材養成システム）、若年者トライアル雇用、インターンシップ（採用型）を取り上げている。これらは、採用と人材養成の統合システムともいえるもので、①職業訓練機関での学習と企業などでの実習を組み合わせて、効果的な職業訓練を行いつつ就職につなげる、②短期間（3ヵ月）の試行的な雇用で、常用雇用へのきっかけをつくる、③学生（生徒）の時期に就業体験をして、職業生活への準備・学習をする、といった特徴をもっている。これらは、企業と求職者（学生）が相互に適合性を確認しあう実践的なプロセスを

組み込んでいるところに、今後の人材確保のあり方への示唆を見出すことができる。

第3には、職場環境整備や企業（工場）のイメージ向上の取り組みを取り上げた。採用活動で自社のアピールをする際にも、基本的な職場環境整備の努力があってこそ、効果的なPR活動につなげることができるのであり、人材確保においては、まさに会社全体としての魅力づくり＝採用力の向上が問われているといえよう。

〔解説①　日本版デュアルシステム（実践型人材養成システム）〕

日本版デュアルシステムは、「訓練計画に基づき、企業実習又はOJTとこれに密接に関連した教育訓練機関における教育訓練（Off-JT）を並行的に実施し、修了時に能力評価を行う訓練制度」と定義されている[11]。若年者の雇用問題の深まりを背景に、「若者自立・挑戦プラン」推進の一環として、2004年度から厚生労働省と文部科学省が連携して導入した制度である[12]。

一方、実践型人材養成システムは、2006年の職業能力開発促進法の改正により上記の日本版デュアルシステムをリニューアルする形で創設された。これは、企業が主体となって、新規学校卒業者を主な対象とし、現場の中核的人材となる実践的な職業能力を備えた職業人を育成するため、「企業における雇用関係の下での実習（OJT）」と「教育訓練機関（①公共職業能力開発施設、②認定職業訓練校、③専修学校・各種学校等）における学習」とを効果的に組み合わせて実施する制度である[13]。

この実践型人材養成システムは、就労・就学に並ぶ「第三の選択肢」として普及を目指しているものであるとされる。企業にとって、若者育成に積極的な企業であるとのPRができる、各種支援制度を活用し訓練にかかる負担の軽減ができる、自社に合致した人材の育成ができるなどのメリットが指摘されている。

〔解説②　若年者トライアル雇用〕

　若年者トライアル雇用は、2001年12月から開始された事業である。内容は、ハローワーク（公共職業安定所）が紹介する35歳未満の若年者を、短期間（原則として3ヵ月）試行的に雇用し、その間、企業と労働者相互の理解を深め、その後の常用雇用への移行や雇用のきっかけづくりを図るという制度である。なお、トライアル雇用には、若年者以外に、中高年齢者（45歳以上65歳未満）、障害者、母子家庭の母、日雇労働者・ホームレスなどが対象とされている。

　企業は、トライアル雇用中に、対象労働者の適性や業務遂行可能性などを実際に見きわめたうえで、本採用するかどうかを決めることができる。また、企業は、一定額の奨励金の支給を受けることができ、雇入れに係る負担軽減が得られる。

＜注＞
1) 八幡成美（1999）、p. 32
2) 経済産業省・厚生労働省・文部科学省編（2002）、pp. 226-227
3) 日本経済新聞社編（1994）、p. 56
4) 本章で紹介している企業事例は、出典を明示したもの以外は、筆者が従業員数300人未満の製造企業5社に対して、2007年7～9月にインタビュー調査を実施したものである。
5) (財)雇用開発センター（2004）、pp. 194-195
6) 前掲書、pp. 159-160
7) 前掲書、pp. 121-122
8) 地域インターンシップ全国連絡会議編（1998）、p. 1
9) (財)雇用開発センター（2004）、pp. 123-124
10) (財)雇用開発センター（2007）、p. 120
11) 厚生労働省（2004）
12) 堀田聰子（2007）、p. 65
13) 『職業安定広報（2007年7月号）』、p. 4

<参考文献>

川喜多喬・九川謙一（2006）『中小企業の人材育成作戦』同友館

経済産業省・厚生労働省・文部科学省編（2002）『ものづくり白書（2002年版）』、ぎょうせい

経済産業省・厚生労働省・文部科学省編（2007）『ものづくり白書（2007年版）』、ぎょうせい

厚生労働省（2004）『日本版デュアルシステム協議会報告』

(財)雇用開発センター監修／労働実務「労基旬報」編集部編（1995）『採用管理の手引き』労働実務

(財)雇用開発センター（2004）『中小製造業の雇用管理ガイドブック』

(財)雇用開発センター（2007）『大量定年時代の技能継承と人材育成ガイドブック』

『職業安定広報（2007年7月号）』(社)雇用問題研究会

地域インターンシップ全国連絡会議編（1998）『インターンシップハンドブック』インターナショナルランゲージアンドカルチャーセンター

日本経済新聞社編（1994）『よみがえれ製造業』日本経済新聞社

堀田聰子（2007）「採用時点におけるミスマッチを軽減する採用のあり方」『日本労働研究雑誌』第567号

八幡成美（1999）「モノづくり基盤の将来設計と人的資源」稲上毅・八幡成美編『中小企業の競争力基盤と人的資源』文眞堂

第2章

中小製造業企業の人材育成（技能継承）投資戦略の特質と課題

1. はじめに～競争力の基盤は従業員の質

　企業はその規模の大小や業種に問わず、市場において存続し、さらなる成長を求めて事業活動を展開している。そのため、企業は創造した価値を自らの手で獲得し成果に結びつけていくために、そして、その価値と成果を維持し続けるために、何らかの形での持続的競争優位の確立が必要となる。こうした競争優位の確立をするためには、何らかの形での差別化が必要不可欠になってくる。

　加護野・井上（2004）[1]によれば、差別化には2つのレベルがあり、1つは、他社の製品やサービスとの間に違いを作る方法であり、価格、製品の性能、デザイン、品質、広告、イメージ、支払条件、品揃え、その他顧客への便宜による差別化である。こうした差別化は目立つしわかりやすいが、模倣しやすく競争優位の持続時間が短いという特徴をもっている。

　もう1つは、事業の仕組みを通して違いを生み出す差別化（組織能力による差別化）、すなわち部品や原材料の調達の仕組み、生産の仕組み、販売・流通・物流の仕組み、人をうまく活用する仕組みなどをベースにした差別化である。トヨタ自動車のジャストインタイム生産システムやセブン―イレブン・ジャパンの物流・ロジスティクスシステムなどが有名である。こうした差別化は前者と比較して、目立たないが、競争相手が模倣することが難しく、競争優位は長期にわたって持続することが特徴である。

　商品・製品及びサービスによる差別化を目指した経営だけでは、企業が持続的に高い業績をあげるという点で限界があり、商品での差別化よりも、組織能力での差別化を実現することのほうが、重要性を増しているのである。とくに、中小企業は小規模であるがゆえに直接金融の形態での資金調達が極めて難しい。そのため、中小企業は大企業のように資

第2章　中小製造業企業の人材育成（技能継承）投資戦略の特質と課題

本集約度を高め、資本量の多寡によって競争力が規定されるのではなく、中小企業は従事する従業員の質によって経営が左右される。それは裏返せば資本調達力の弱さでもあり、不足する資本を労働力でカバーしているということでもある。

さらに、大企業では、従業員個人の行動が直接企業全体の業績にどのように結びついているかが多くの場合見えにくい傾向にある。これに対して、中小企業では、従業員の成果が直接企業の成果とどのようにかかわっているかが見えやすい。しかも、従業員の行動の1つ1つがその企業の競争力向上に密接に関係しており、従業員の行動の1つで経営危機に陥る可能性が大企業と比較してはるかに大きい。したがって、「従業員の質」の向上をはかることが企業としての競争力向上につながる[2]。

こうした問題意識を踏まえて、中小製造業で、第1に、どのような職種・タイプが不足し、どのような教育訓練ニーズがあるのか、第2に、どのような教育訓練が行われ、それにはどのような特質や課題があるのか、第3に、教育訓練のなかの課題で近年、最も重要視されている技能継承に焦点を当てて、技能継承の取り組みの現状と課題を明らかにする。さらに、明らかにされたことを整理し、企業が投資効率を考えた教育訓練・技能継承を行っていくために、どのようなことに留意すればよいのかを提示しまとめとする。

2. 教育訓練ニーズと不足している職種・人材のタイプ

（1）教育訓練ニーズとは

企業が行う教育訓練の目的は、「企業が求める能力と従業員が持っている能力の乖離を埋める」ことであり、この乖離（人材または能力のギャップ）を教育訓練ニーズと呼んでいる。教育訓練ニーズは個々の企業の経営理念、方針、戦略、計画、目標といった、企業が組織的に活動し

てゆくうえで必要とされる課題から発生するニーズ（組織のニーズ）と、従業員個々人が能力開発に対する必要性に基づいて形成されるニーズ（個人のニーズ）とに大きく分類することができる。

組織のニーズの源泉は大きく分けて2つあり、1つは経営戦略から発生するニーズである。企業は、既存の経営資源の状況を踏まえ、政治経済社会動向および市場等の環境変化に対応して、どのような事業や製品の分野を拡大し、縮小するかなどについての経営戦略を立てる。経営戦略が決まると、それに対応した教育訓練ニーズが生まれるが、それをみたす人材を社内で全て獲得できるわけではない。したがって、一方では新たに人材を採用するが、他方では既存の人材の能力を開発することで対応する必要がある。

もう1つは、現在、就いている仕事を的確にこなすために必要な能力、資質を求めるところから発するニーズである。従業員は組織の一員であり、組織とは「複数の人が意識的に協力しあって、共通の目的を達成する」ための人間の集団である。組織においては、その構成員（従業員）に対して、①企業あるいは部門の経営方針を理解し、自分が行うべき目的を設定できる「課題設定能力」、②その目的を達成するための「職務遂行能力」、③他の従業員と協力して目的を達成するための「対人能力」、④他の従業員と協力して目的を達成する際に起こる様々な問題を克服していく「問題解決能力」等の能力が期待される。さらに、組織人として備えるべき基本的な能力の重要性は、組織上の立場によって大きく異なる。こうした点は、職能資格制度を導入している企業であれば、それぞれの職能資格等級に整理されている能力要件を見てみるとわかりやすい[3]。

（2） 不足している職種・人材のタイプ

成長している中小製造業で、どのような職種・タイプの人材が不足し、どのような教育訓練ニーズがあるのかを明らかにした、職業能力開発総

第2章　中小製造業企業の人材育成（技能継承）投資戦略の特質と課題

合大学校能力開発研究センター（2001）『新規・成長分野における新たに必要とされる能力開発（製造業編）』（以下、『能開大調査』と呼ぶ）[4]によれば、企業の約6割が「設計・技術職」に、約4割が「営業職」に、それぞれ量的不足感を抱いている。とくに、業態（生産・販売形態）別にみると、開発から生産・加工まで一貫して行っている企業（製品メーカー）」では、高い技術力を維持するために「設計・技術職」の不足感が強くなっている。

　不足している人材のタイプは、第1に、管理系職種では、「現場を任せられる工場長」や「社長の右腕になってくれる経営幹部」といった経営全般に関する人材、第2に、設計・技術系職種では、「新製品の動向・技術情報にくわしい技術者」や「生産現場を任せられる技術者」、第3に、営業系職種では、営業職本来の「販売ルートの開拓ができる営業職」や商談の際に技術的な専門知識が必要な「新製品の動向・技術情報に詳しい営業職」、最後に、生産系職種では、ものづくり本来の「高度熟練技能を持つ生産工程従事者」を挙げる企業が多い（図表2-1）。

　こうした不足している人材のタイプは業態によって大きく異なっている。「製品メーカー」では、第1に、管理系職種では「社長の右腕になってくれる経営幹部」「財務・経理を任せられる人材」「企画・マーケティングを任せられる人材」、第2に、設計・技術系では「OA機器やビジネスソフト、ネットワークに詳しい技術者」「新製品の動向・技術情報に詳しい技術者」「R&Dを担当できる技術者」といった技術分野の技術者、営業職種では「販売ルートの開拓ができる営業職」「新製品の動向・技術情報にくわしい営業職」、生産系職種では「設計・開発ができる生産工程従事者」「新製品の動向・技術情報にくわしい生産工程従事者」を挙げる企業が多い。

　これに対して、「生産・加工に特化している企業（加工メーカー）」は設計・開発部門を持たないため、管理系職種の「現場を任せられる工場長」や、設計・技術系職種の「生産現場を任せられる技術者」といった

55

図表2-1　不足する人材のタイプ（複数回答）

（単位：％）

	合計	管理系						設計・技術系								営業系								生産系							
		社長の右腕になってくれる経営幹部	現場を任せられる工場長	人事・労務を任せられる人材	財務・経理を任せられる人材	企画・マーケティングを任せられる人材	外注・購買管理を任せられる人材	人事・労務がわかる技術者	財務・経理がわかる技術者	販売ルートの開拓ができる技術者	国際取引ができる技術者	生産現場を任せられる技術者	新製品の動向・技術情報にくわしい技術者	OA機器やビジネスソフトにくわしい技術者	R&Dを担当できる技術者	人事・労務がわかる営業職	財務・経理がわかる営業職	販売ルートの開拓ができる営業職	取引先・金融機関と交渉ができる営業職	国際取引ができる営業職	生産現場にくわしい営業職	新製品の動向・技術情報にくわしい営業職	技術にくわしい営業職	人事・労務がかかる生産工程従事者	財務・経理がかかる生産工程従事者	販売ルートの開拓ができる生産工程従事者	設計・開発ができる生産工程従事者	技術にくわしい生産工程従事者	新製品の動向・技術情報にくわしい生産工程従事者	高度熟練技能を持つ生産工程従事者
全体	458	27.1	31.4	15.7	15.9	21.6	23.4	10.3	12.7	23.6	12.2	37.6	36.5	23.4	13.8	7.6	11.4	38.2	9.8	16.6	22.9	11.6	27.7	16.8	15.9	9.4	33.2	12.7	18.8	22.7	41.5
【業態別】																															
開発設計一貫型	166	31.9	31.9	16.9	19.9	27.7	25.9	13.9	17.5	33.7	18.1	36.1	47.6	24.7	16.9	12.7	18.1	59.0	13.9	24.1	25.3	15.1	38.0	22.3	20.5	12.7	38.6	20.5	13.3	28.3	40.4
開発設計中心型	19	36.8	15.8	21.1	21.1	21.1	25.9	15.8	15.8	26.3	0.0	47.4	63.2	26.3	10.5	15.8	15.8	47.4	10.5	26.3	21.1	15.8	36.8	15.8	5.3	0.0	21.1	5.3	5.3	26.3	21.1
設計・生産加工型	67	25.4	22.4	17.9	17.9	16.4	28.4	6.0	16.4	26.9	14.9	32.8	35.8	20.9	14.9	6.0	6.0	23.9	9.0	17.9	20.9	13.4	20.9	10.4	16.4	9.0	34.3	29.9	25.4	44.8	
生産加工特化型	132	24.2	39.4	15.2	11.4	17.4	18.9	6.1	4.5	10.6	5.3	39.4	22.7	20.5	7.6	3.0	15.9	14.4	5.3	6.8	21.2	5.3	20.5	14.4	11.4	6.8	27.5	22.0	15.2	40.9	

（注）開発設計一貫型は「製品メーカー」と呼ぶ、生産加工特化型は「加工メーカー」と呼ぶ。
設計・生産加工型、開発設計中心型は「新規・成長分野における新たに必要とされる能力開発（製造業編）」
（資料出所）職業能力開発大学校総合能力開発研究センター（2001）「新規・成長分野における新たに必要とされる能力開発（製造業編）」

第2章　中小製造業企業の人材育成（技能継承）投資戦略の特質と課題

現場に必要な人材を挙げる企業が多い。

（3）　事業活動（業態）と教育訓練ニーズ

『能開大調査』によれば、企業は従業員に対して、自分の専門分野にくわえて、「職種の枠を超えた能力を身につけてほしい」という要望を持っている。具体的には、設計・技術職に生産現場を管理する能力や販売ルートを開拓できる能力を持ってほしい、営業職に新製品動向・技術情報や生産現場に詳しくなってほしい、現場監督者に最新技術の動向を身につけてほしいといった要望である。

こうした要望に応えるためにも、今後は、社会的に「職務の幅をより広げるための」研修講座、たとえば「技術者のためのマーケティング入門」、「営業担当者のための新技術入門」、「生産現場からはじまる設計開発」等、「初心者向け」あるいは「職種転換にも役立つ」ような内容と水準の研修講座の充実が社会的に必要になってこよう。

くわえて、いずれの職種に対しても「部下や後輩の指導方法を身につけてほしい」と考える企業が少なくなく、また「自社内に教育訓練の指導者的人材がいない」という企業も4割を超えている。「指導のできる人材」はOJTの核になることはもとより、外部教育訓練機関の利用に関して企業内での適切な助言（「自社内で実施するより外部を利用した方が効果的な分野がある」等、間接的なプロモーションとなるような助言）を行う役割をも担う可能性が高い。そのため、今後は職種を問わず「指導力養成のための研修講座」の充実が社会的に必要になってこよう。

さらに、成長している中小製造業のなかでも業態（生産・販売形態）によって「不足している人材のタイプ」、「人材育成の課題」、「今後の人材育成ニーズ」が大きく異なる。とくに、最終製品を自社で生産し販売する「製品メーカー」と部品・材料の委託加工を主とする「加工メーカー」では、企業の存立基盤と経営資源は異なり、製品および生産技術の革新に関しても異なるため、必要になる人材も自ずと異なる。要約して

言えば、「製品メーカー」では、特定の人材に偏るのではなく、多様なタイプの人材を必要とし、それぞれの人材育成ニーズも高くなっている。

これに対して、「加工メーカー」では、必要な人材あるいは人材育成の対象とする人材が「生産現場を任せられる人材」に限られている。今後、中小製造業が競争力を維持してゆくためには、自前の製品を持って、自社の開発力を高めることにあることは否定できないとすれば、あるいは取引先を拡大していくためには、「加工メーカー」であっても教育投資する人材のタイプを広げてゆく必要があろう。

3. 教育訓練制度の基本構造と外部教育資源の活用

（1） 教育訓練の方法

教育訓練の方法は大きく分けて、3つあり、第1は上司や先輩の指導のもとで、職場で働きながら行われる訓練で、OJT（On-the-Job Training）と呼ばれている。第二は仕事から離れて教室などで行われる集合訓練で、Off-JT（Off-the-Job Training）と呼ばれており、社内の研修施設等で行われる場合は社内教育、外部の教育訓練機関等に派遣される場合は社外教育と呼ばれている。第3は書籍を読む、通信教育を受講するなどの方法で、上司等の直接の指導を受けずに自分一人で勉強する教育訓練で、自己啓発と呼ばれている。これらのなかで、企業はOJTと自己啓発を教育訓練のベースとして重視し、Off-JTはそれを補完する方法として位置づけている。

（2） 教育訓練（Off-JT）の体系と訓練分野別の構成
① 教育訓練（Off-JT）の体系

教育訓練対象者の特性からみると、教育訓練は組織を横割りにした階層を対象にする階層別研修と、縦割りにした各専門分野の従業員を対象とする専門別研修に分かれる。前者は新入社員から経営者にいたるまで

第2章　中小製造業企業の人材育成（技能継承）投資戦略の特質と課題

の各階層別に実施される研修で、新入社員教育、監督者（主任・係長）研修、課長研修、部長研修等が含まれ、専門分野や部門の違いを超えて当該階層に共通して求められる能力や知識の教育を目的としている。このような全社共通的な能力開発の場合には、本社の人事教育部門が企画し、実施している。

　他方、専門別研修には2つのタイプがあり、第1に、営業、生産、研究開発等の職能分野や部門に共通して必要とされる知識や技術を教育する研修（職能別研修）で、これには営業社員研修、技術系社員研修等がある。こうした研修は全社に共通して必要な場合には本社部門が、各事業部門だけに必要な場合には各事業部門が本社部門と協力しながら計画・実施している。もう1つのタイプはコンピュータ研修、国際化研修、高齢者の能力再開発研修等、企業にとってとくに重要な経営課題に対応して作られる目的・課題別研修である。これらは特定の階層を対象にしない、階層別研修と同様に組織を横割りにした研修であり、本社部門が企画し、実施している[5]。

②　訓練分野別の構成

　厚生労働省『能力開発基本調査報告書（平成13年）』（日本労働研究機構）[6]によれば、企業は教育訓練費用（本社の能力開発の関連部署で実施しているOff-JTに限り、各事業部門・事業所、職場で独自に実施しているOff-JTは含んでいない）の約4割近くを、語学やOA研修など特定の経営課題に対応して行われる「目的別・課題別研修」に、3割強を、専門的分野の能力・知識を教育する「職能別研修」に、3割弱を、組織人としての基礎的な知識・態度を教育する新入社員教育や管理のための基礎的な知識・スキルを養成する管理者研修等の「階層別研修」に投入している。また国内外の大学等への留学に配分される費用は少なく、0.2%にとどまる（図表2-2）。

　「目的別・課題別研修」と「職能別研修」を、従業員の能力と仕事のいまのギャップを埋めるための短期的な視点から行われる研修とすれば、

図表 2-2　訓練分野別の構成

(単位：%)

	合計	階層別研修	職能別研修	目的別・課題別研修	大学等への留学	その他
全体	1413	26.8	32.8	38.4	0.2	1.8
【企業規模別】						
30人未満	115	20.5	33.7	43.6	0.2	2.1
30～49人	352	19.1	34.5	44.3	0.0	2.1
50～99人	423	25.8	33.6	39.1	0.0	1.6
100～299人	336	29.4	33.7	35.0	0.3	1.6
300人以上	139	46.0	26.3	24.5	0.8	2.4

(注) 本社が管理する Off-JT のための直接費用の構成比率
(資料出所) 厚生労働省 (2002)「能力開発基本調査：平成13年度版」(日本労働研究機構)

「階層別研修」は、やや中期的な視点から行われる研修となり、さらに、国内外の大学等への留学は、将来の備えのために長期的な視点から行われる研修と考えられる。したがって、企業は、短期的な視点で行われる研修に約7割、中・長期的な研修に約3割の資源を配分していることになる。

　こうした訓練分野別の構成を規模別にみると、規模が大きい企業ほど、やや中期的な視点で行われる「階層別研修」に、これに対して、規模が小さい企業ほど、いまの仕事を遂行するために必要な能力を習得するために行われる「目的別・課題別研修」に教育訓練費用を多く配分している。

(3) 外部教育訓練機関の利用状況

　市場環境の変化のなかで投資活動のリスクが大きくなってきているために、企業は教育訓練の戦略を大きく変えようとしている。その変化は、「従業員に対して広く教育訓練機会を提供する」平等主義的な教育投資から教育投資の効果や成果を厳しく問う方向に教育訓練を確実に変化さ

第 2 章　中小製造業企業の人材育成（技能継承）投資戦略の特質と課題

せつつある。その変化は 2 つあり、1 つは、投資効果が望める人材に集中的に教育投資をするという意味で戦略化・重点化の傾向を強めつつある。もう 1 つは、投資効率からみて自前主義を見直し、社外の教育訓練機関を活用するという方針を強化することである。

さらに、中小企業は外部資源を活用せざるを得ない状況に置かれている。その理由は、第 1 に、人的資源の小規模性が持つ制約のために、多様な分野の専門家を確保することが難しい。そのことが製品・サービスの差別化や組織能力の持続的な強化をはかるための障害になっている。第 2 に、コア業務に経営資源を集中せざるを得ず、補完的業務を遂行するために外部資源を活用せざる得ない状況にある。

では、企業がどのような外部教育訓練機関をどの程度利用しているのであろうか。厚生労働省『能力開発基本調査報告書（平成 14 年度）』（日本労働研究機構）[7]からみてみよう。それによれば、平成 13 年度の Off-JT の費用全体のなかで、外部の教育訓練機関の利用にかかった費用の割合は平均すると 66.5% になる。したがって、外部の教育訓練機関の利用にかかった総額は 256.9 万円になり、その金額を正社員一人当たりで割ると、1.59 万円になる。また、外部教育訓練機関の利用にかかった費用（平成 13 年度）の機関別構成割合は図表 2-3 に示したように、「民間教育訓練機関」が 39.3% と最も多く、次いで、「商工会・商工会議所・経営者団体・業界団体・協同組合」（24.4%）、「親会社・関連会社」（13.1%）がこれに続く主要な機関であり、「公共職業訓練機関（工業技術センター・試験場を含む）」（8.6%）、「設備・コンピュータなどの導入企業」（4.3%）となっている。なお、「専修学校・各種学校」（0.7%）、「大学・大学院」（0.5%）は 1% にも満たない。

こうした外部教育訓練機関の利用割合は規模により異なり、「民間教育訓練機関」の利用割合が、30 人未満の 26.1% から 300 人以上の 47.9% に増加することからわかるように、規模が大きい企業ほど、「民間教育訓練機関」を積極的に利用している。これに対して、規模が小さい企業

図表 2-3　費用からみた外部の教育訓練機関別の利用割合

(単位：％)

	合計	親会社・関連会社	設備・コンピュータなどの導入企業	商工会・商工会議所・経営団体・業界団体・協同組合	民間教育訓練機関	公共職業訓練機関（工業技術センター・試験所を含む）	専修学校・各種学校	大学・大学院	その他
全　体	928	13.1	4.3	24.4	39.3	8.6	0.7	0.5	9.1
【企業規模別】									
30人未満	50	13.4	2.8	34.3	26.1	12.2	0.4	0.0	10.8
30〜49人	211	8.5	5.4	24.7	39.1	10.8	0.9	0.1	10.5
50〜99人	256	11.6	4.7	25.0	38.2	10.4	0.9	0.1	9.2
100〜299人	297	16.0	4.1	22.5	40.1	7.2	0.6	0.7	8.8
300人以上	103	18.2	2.1	23.0	47.9	3.3	0.4	1.3	4.0

(注) 対象は、平成13年度に外部の教育訓練機関の利用に際して費用を支払った企業
(資料出所) 厚生労働省『能力開発基本調査報告書：平成14年度』(日本労働研究機構)

ほど、受講料が安く、地域に密着した「商工会・商工会議所・経営団体・業界団体・協同組合」等の公的機関および「公共職業訓練機関」を利用しており、中小企業にとっては、公的機関と公共機関は重要な教育訓練機関であることがわかる。

　中小企業が積極的に教育訓練を展開していくためには、公的機関にこれまで以上に教育訓練機関としての性格を強め、そのための機能強化をはかってもらう必要があるとともに、地域社会（地方自治体を含む）として、公的機関の機能強化に対して、支援をしていくことが必要であろう。他方、中小企業自身も地域の学校や教育訓練機関に積極的に協力することにより（たとえば、インターシップの受け入れや第1章に取り上げられている日本版デュアルシステムでの企業実習の受け入れ等）、地域における人的資源の向上に貢献する必要がある。それは、中小企業の

第2章 中小製造業企業の人材育成（技能継承）投資戦略の特質と課題

多くが地域密着型であり、地域の労働力を始めとして様々な地域の資源を活用し、地域市場に商品やサービスを提供している存在であるためである。長期的にみると、地域の人的資源の向上に協力することが、コストや時間をかけずに効率よく質の高い労働力を確保することにつながるだけでなく、地域（社外）に安価で質の高い教育訓練サービスを提供する機関が増えることにより、効率的に従業員の能力開発を推進していくことができるからである。

さらに、『能開大調査』を利用して、中小製造業の外部教育訓練機関の利用状況についてみてみよう。これまで利用した外部教育訓練機関は、「民間教育訓練機関」や「公共職業能力開発機関」といった教育訓練サービスを専門に提供する機関を中心に、「親会社・関係会社」や「商工会・商工会議所や工業協同組合」を利用している企業が多いが、業態別にみるとより特徴が明確に浮かび上がってくる（図表2-4）。

「製品メーカー（開発設計加工一貫型）」では設計・開発部門を持って

図表2-4 製造業の外部教育訓練機関の利用状況（複数回答）

（単位：％）

	合計	公共職業能力開発機関	商工会・商工会議所や工業協同組合	専門学校・各種学校	設備機器メーカー	工業技術センター（試験場）	学術団体（学会）	大学・大学院	親会社・関係会社	民間教育訓練機関	その他	特になし
全体	458	40.4	36.7	7.6	31.7	19.0	5.9	5.7	36.7	42.6	3.1	10.0
【業態別】												
開発設計加工一貫型	166	41.0	38.6	9.6	31.3	25.3	9.6	9.6	19.9	48.8	3.6	9.6
開発設計中心型	19	15.8	26.3	5.3	21.1	10.5	15.8	15.8	15.8	52.6	5.3	15.8
設計・生産加工型	67	44.8	35.8	10.4	52.2	14.9	3.0	1.5	41.8	40.3	0.0	11.9
生産加工特化型	132	42.4	40.2	3.8	25.8	16.7	1.5	3.0	59.1	37.1	5.3	5.3

（注）開発設計加工一貫型は「製品メーカー」と呼ぶ、生産加工特化型は「加工メーカー」と呼ぶ
（資料出所）図表2-1と同じ

いるために、「民間教育訓練機関」や「工業技術センター」といった教育訓練サービスを専門に提供する機関の利用頻度が多くなるのに対して、「加工メーカー（生産加工特化型）」では「親会社・関係会社」の利用率が高くなっており、企業の事業戦略によっても利用する外部機関が異なる。したがって、外部教育訓練機関としては、利用者である企業の特徴（業種や規模だけでなく）を捉えた講座やセミナーを用意していくことがますます必要になってこよう。他方、利用する企業にとっても、外部教育訓練機関が提供する教育訓練サービスの特徴を理解し、従業員を講座やセミナーへ派遣することが必要になってこよう。

（4） OJT の内容と具体的な取り組み
① 職場の OJT の内容

雇用開発センター（2007）『大量定年時代の技能継承と人材育成ガイドブック』（以下、『雇用開発センター調査』と略す）[8)]は、「現場監督者が具体的にどのような指導を行っているのか」を明らかにしている（図表 2-5）。それによれば、まず「仕事についての相談」にのり、「生活や勤務態度についての助言」をすることが最初であり、それを踏まえたう

図表 2-5　現場監督者の部下への指導内容（複数回答）

(単位：%)

		合計	仕事についての相談	生活や勤務態度についての助言	専門書を読ませる	より難しい仕事に挑戦させる	改善提案を考えさせる	職務範囲に留まらず広範な仕事に挑戦させる	作業指示書（マニュアル）を作成させる	特定課題のレポートを書かせる	業務日誌を作成させる	企画立案の仕事をさせる	特定の仕事について責任を与える	目標を明確化し挑戦させる	自己啓発に関する情報を提供する	その他	本人にまかせて何もしない	不明
全体		1068	56.6	74.0	4.6	32.5	62.7	36.4	33.3	6.5	18.4	10.7	53.6	46.5	24.4	1.7	0.5	0.8
企業規模別	300人未満	203	52.2	74.9	2.5	33.0	55.7	35.5	21.7	3.9	13.8	5.9	49.3	31.5	17.7	1.5	1.0	0.0
	300～1,000人未満	234	50.4	69.2	4.3	35.5	64.5	34.2	35.9	6.4	17.5	8.1	53.4	47.4	21.8	1.7	0.4	0.0
	1,000人以上	621	60.4	75.5	5.5	31.2	64.1	37.4	36.1	7.1	19.8	13.0	54.9	50.9	27.2	1.8	0.3	1.4

（資料出所）雇用開発センター（2007）『大量定年時代の技能継承と人材育成ガイドブック』

第2章　中小製造業企業の人材育成（技能継承）投資戦略の特質と課題

えで「改善提案を考えさせる」ことや「特定の仕事について責任を与え」、「目標を明確化し、挑戦させる」という方法がOJTの基本である。それに次ぐ方法としては、「職務範囲に留まらず広範囲な仕事に挑戦させる」を始めとして、「作業指示書（マニュアル）を作成させる」、「より難しい仕事に挑戦させる」などが挙がっている。こうしたOJTの方法は大企業になるほど、様々な方法で部下の指導を行っており、「目標を明確化し、挑戦させる」「作業指示書（マニュアル）を作成させる」などの方法をとる企業が多く、OJTの制度化が進んでいる。

②　OJTの具体的な取り組み

つぎに、ものづくりを意識したOJTの具体的な取り組みについて紹介しよう。社員数13名の金属・機械加工業のD社[9]の新入社員に対する基本的な仕事の与え方の方針は、「基本的な作業」を習得させることである。したがって、基本的な作業が習得できない社員に関しては、できるまでやらせ、絶対にその先には進まないようにしている。つまり、簡単なものからできるようにして、徐々に難しい仕事（工数がかかる仕事）ができるようにするということである。社員の評価については、全ての仕事において、「簡単な仕事の単価が安く、難しい仕事の単価が高い」というようにはなってはいないため、社員の評価においては担当している仕事の「売上高」だけで社員を評価しないようにしている。

人材育成の工夫として以下のような取り組みを行っている。第1に、顧客への対応については当初は営業担当を担っている経営者自らが行っていたが、社員の能力向上を考え、担当者と経営者が同行し、問題を対処した後は、担当者のみが対応するような方式に変えた。それは、顧客のニーズを経営者を通して担当者に伝えるのではなく、担当者が直接、肌で感じることにより、顧客が何を求めているのかを知ってもらいたかったからである。また、同社が扱っている製品は単品が多いため、それに伴い図面に関する打ち合わせも多くなる。それは顧客の意向にあった製品にするためでもある。そのため、現場で製品を見ながら打ち合わせ

をすることに加え、現場を離れ、事務所で座りながら図表をみながら「これはこうだよ」という風な話をしながらコミュニケーションをとっている。それは社員の頭の切り替えにつながるだけでなく、社員が効率よく仕事を行っているかの再確認も兼ねている。あわせて、月曜日の朝に社員全員を集め、顧客からのクレームを社員全員で共有するようにしている。

　第2に、若手社員が「どこが悪いのか」や「どうしたらよいのか」を気兼ねなく、相談したり、アドバイスできるような職場の雰囲気づくりを行っている。簡単なことに関して、「なぜ、できないのか」というような感じで、若手社員に接するのではなく、落ち着いて若手社員と話をするようにしている。「これを聞いたら怒られるかなぁ」というのではなく、若手社員と経営者が一緒に試行錯誤しながら考えるようにしている。さらに、若手社員とベテラン社員とのコミュニケーションの円滑化を進めるために、経営者自らが両者の間に立ち以下のような工夫をしている。たとえば、職場のなかで、特定のグループができやすいのでグループを越えたコミュニケーションをはかるために、経営者自らが様々な会話に首を突っ込むようにしているが、社員からうるさがられる可能性があるので注意しながら行動している。また、若手社員とベテラン社員の間で、直接会話が成立しない場合（職人気質のベテラン社員が直接若手社員に仕事は教えることはなかなか難しい）には、経営者自らが両者の通訳者として立ち回り、両者の意思疎通を容易にするような橋渡しをしている。

　第3に、同社では、経営者自ら若手社員に対して、ものづくりの楽しさを伝える工夫をしている。たとえば、若手社員を生産しているエレベーターや発電機の部品などが実際にどのように使われているのかを納入先に連れていき見せることにしている。そのことにより、「自分が作っている部品がどのように社会で役に立っているのか」を実感してもらうようにしている。つまり、自分が作っている部品がどのように社会で役

立っているのかを知ることによりものづくりの大切さや楽しさを体で実感するだけでなく、自分が行っている仕事が単なる部品作りでないことを知ってもらいたいと同社では考えている。そのことにより、ものづくり全体のなかでの自分自身の仕事の位置づけを容易に理解することにもつながっていくと同社では考えている[10]。

4. 技能継承の取り組みの現状と課題[11]

（1） 取り組みの現状と課題

『雇用開発センター調査』によれば、8割以上の監督者が自分が責任を持って担当している職場の技能継承が「問題になっている」と感じており、大企業に勤務している監督者ほど強く感じている。このように技能継承が問題化している状況にありながら、職場での技能継承が「進んでいる」と感じている監督者は4割弱にとどまり、技能継承の必要性を感じながらも取り組みが思うように進んでいない状況に監督者がいることがわかる。こうした傾向は中小企業に勤務している監督者ほど強く感じている（図表2-6）。中小企業では大企業と比較して、職場の技能継承の問題が顕在化している企業は多くはないが、顕在化すると大企業と比べて、技能継承に投入する資源（「ヒト」、「モノ」、「カネ」、「情報」）や投入できる時間が限られており、そのため取り組みが思うように進まない傾向にある。

つぎに、技能継承に向けて会社レベルで行われている取り組みは（図表2-7）、第1に、技能の「伝承者（教える者）」（「嘱託等による熟練技能者の再雇用・雇用延長等」）と「後継者（教わる者）」（若年者の採用・確保・定着）を確保することである[12]。それを踏まえた上で、第2に、「継承すべき技能の明確化」をして、第3に、技能継承の実施方法（「技能継承を進めるためのOJTの強化」および「指導・育成マニュアルの作成」）の整備を進めている。こうした取り組みについて、中小企

図表 2-6 職場レベルでの「技能継承」の問題化・「技能継承」の進捗状況・「技能継承」のための通常の仕事から離れた教育訓練の取り組み

(単位：％)

		合計	「技能継承」の問題化 問題になっている比率	「技能継承」の進捗状況 進んでいる比率	通常の仕事から離れた教育訓練（Off-JT）行っている比率
全体		1068	83.5	36.6	35.3
企業規模別	300人未満	203	80.3	28.6	14.8
	300〜1,000人未満	234	77.3	32.1	24.4
	1,000人以上	621	86.6	40.9	46.4

(注1) 問題になっている比率＝「問題になっている」比率＋「ある程度問題になっている」比率
(注2) 進んでいる比率＝「進んでいる」比率＋「ある程度進んでいる」比率
(資料出所) 図表2-5と同じ

図表 2-7 「技能継承」に向けた会社での取り組み（複数回答）

(単位：％)

		合計	若年者の採用・確保・定着	後継者を選抜して教育すること	後継者の時間的余裕を確保すること	指導者の育成	後継者育成のため指導者の時間的余裕を確保する	嘱託等による熟練技能者の再雇用・雇用延長等	継承すべき技能の明確化	OJTの強化	技能継承を進めるためのFF-JTの強化	技能継承を進めるためのOff-JTの強化	指導・育成マニュアルの作成	熟練技能のデータベース化	熟練技能の設備・機械への代替	その他	とくに行っていない	不明
全体		1068	65.2	25.9	5.5	28.8	8.2	56.6	26.0	39.8	10.9	37.5	14.3	12.0	1.6	5.7	1.3
企業規模別	300人未満	203	64.5	18.7	2.5	22.7	3.4	57.6	10.3	27.1	3.4	21.7	6.4	11.3	1.5	6.4	2.0
	300〜1,000人未満	234	55.1	22.2	1.7	25.2	6.4	52.1	18.8	31.2	5.6	30.8	9.0	11.1	1.7	9.4	0.4
	1,000人以上	621	69.1	29.6	8.1	31.7	10.6	58.1	33.8	47.0	15.3	44.8	18.8	12.6	1.6	4.0	1.3

(資料出所) 図表2-5と同じ

第 2 章　中小製造業企業の人材育成（技能継承）投資戦略の特質と課題

業と大企業を比較してみると、第 1 に、技能の「伝承者（教える者）」と「後継者（教わる者）」を確保することに関しては、大きな取り組みの差は見られない。しかしながら、第 2 に、その次の段階である継承すべき技能の明確化や具体的な技能継承の実施体制の取り組みに関しては大きな差が見られ、中小企業では技能継承の取り組みが思うように進んでいないことがうかがわれる。

一方、職場での技能継承を進めるうえで監督者が挙げている主な問題点は、「部下を指導する時間」（58.1％）や「仕事をする機会」（42.4％）がないことである。仕事の質・量が増えたことにより技能継承に取り組む時間を確保することが難しくなり、その結果、部下と接する機会がなくなり、技能継承を進めにくくさせている。また、時間を確保して技能継承に取り組もうとしても、「仕事に対する部下との意識格差が目立つ」（37.0％）ことにより、技能継承を効果的に進めることができない状況にある（図表 2-8）。こうした問題点は企業規模によって違いがみられる。大企業に勤務する監督者ほど、「部下を指導する時間がない」「部下と一緒に仕事をする機会が少ない」といった技能継承に取り組むための時間や機会の確保などを挙げているのに対し、中小企業に勤務する監督者は「優秀な部下が辞めていく」といった後継者の定着に関する問題点

図表 2-8　職場での技能継承を進める上での問題点（複数回答）

（単位：％）

		合計	部下を指導する時間がない	部下と一緒に仕事をする機会が少ない	部下が若すぎる	仕事に対する部下との意識格差が目立つ	自分が日常使っている言葉が部下に通じにくい	後継者を育てる方法がわからない	部下にやる気がない	優秀な部下が辞めていく	継承すべき技能の将来性に自信がもてない	その他	特になし	不明
	全体	1068	58.1	42.4	10.0	37.0	4.3	5.1	11.0	11.6	5.8	5.5	7.7	2.2
企業規模別	300人未満	203	50.7	31.0	11.8	36.0	2.0	6.4	11.3	17.2	6.4	4.9	8.4	3.4
	300～1,000人未満	234	56.4	42.3	5.1	39.3	3.4	4.3	9.4	11.1	7.7	5.1	7.7	3.4
	1,000人以上	621	61.4	45.9	10.8	36.1	5.3	5.0	11.4	9.8	5.0	6.0	7.6	1.3

（資料出所）図表 2-5 と同じ

を挙げている。

（2） OJT による技能継承の取り組み

　人材育成の基本は OJT であることから、OJT による技能継承が最も代表的な方法である。その際、技能を伝えるベテラン技能者とその技能を継承する後継者を決めて、ペアを組んでマンツーマンの指導が行われる。カン・コツといった五感に関わる技能を詳細にマニュアルなどに書き留めることが難しいからである。

　たとえば、鋳物業を営む社員4名の(株)高政鋳造所では、ベテラン技能者と若手技能者を組ませて技能継承に取り組んでいる。具体的には、若手技能者を午前中から午後3時までは、ある工程を受け持たせて流れ作業に従事させているが、午後3時からはベテラン技能者についてベテラン技能者の仕事を手伝いながら技能を学ばせている。若い人は飽きやすいので、1週間から10日ぐらいのローテーションでペアを組む相手を交替させている。誰とでも組めるように、どのポジションの仕事もこなせるようにグループのメンバーの入れ替えも行って技能継承に取り組んでいる[13]。

（3） Off-JT による技能継承の取り組み

　実践的な技能やカン・コツといった五感の部分を伝えるには、継承するベテラン技能者と後継者がマンツーマンになって行う OJT 方式が最適な方法である。しかしながら、その一方で限られた人員によって生産活動が進められているため、ベテラン技能者や後継者が技能継承のための時間や機会を確保することが難しい。その点、Off-JT 形式は通常の仕事から離れて教育訓練を行うため、限られた時間を有効に活用することによって技能継承に専念できることにくわえ、技能に関連する技術や知識などの理論的な学習も行うことができる。『雇用開発センター調査』によると、技能継承に向けた Off-JT 方式の取り組みを「行ってい

第 2 章　中小製造業企業の人材育成（技能継承）投資戦略の特質と課題

る」中小企業は 15％ に過ぎない（前掲図表 2-6 を参照）。

　たとえば、社員数 110 名の機械部品製造業 C 社では、月 2 回定期的に社内勉強会を実施している。この勉強会は就業時間後に若手社員を集めて開かれ、1 時間は段取りや切削のやり方などを学習する。ベテラン社員から人間の五感で感じる技能、数字では割り切れないものを学習していくためにも、若手社員とベテラン社員が交流する機会が重要であると同社では考えている。ベテラン社員に教わることで、一番勉強になるのは、教えてもらったことが、そのことだけでなく、新しいことに取り組むときにも応用が利くようになることである。試作で新しいものを作るときには、応用が必要な難しい場面に直面することがあるが、そのようなときに一緒に知恵をしぼり、豊富な経験からアドバイスしてくれるベテラン社員との交流は非常に重要である[14]。

　こうした集合教育形式の取り組みは、通常の仕事から離れて教育訓練を行うため、限られた時間を有効に活用することによって技能継承に専念できることにくわえ、技能の理論的な裏づけとなる基礎技能や技術等の習得が可能である反面、実践的な技能や仕事を遂行するうえで必要なカン・コツといった五感の部分を伝えるには集合教育方式による技能継承は不向きである。そのため集合教育形式の技能継承だけではなく、ベテラン技能者と後継者がマンツーマンになって行う OJT 形式の技能継承もセットで行うことが必要である。

（4）　求められる支援体制の整備

　実施計画を作成し、技能継承（人材育成）方法が決まると、多くの企業や事業所・工場はこれに基づいて残す技能継承の実践を現場任せにしてしまいがちだが、まだ準備しておかなければならない点がある。それは「支援体制の整備」である。それは、技能を伝えるベテラン技能者のほとんどは先輩の技を盗んで覚えたり、独学で習得したりして技能を自分自身で身につけてきたことから、他人に教えることが苦手であったり、

あるいはそもそも自分が苦労して学んできた技能を他人に教えることに抵抗感を持つ技能者がいたりすることが考えられるからである。

他方、継承する後継者についても、本来ならばその中心は中堅技能者が理想的であるが、採用を抑えてきたため、その層が極端に薄かったり、あるいは1人もいなかったりして若手技能者である場合が多く、ベテラン技能者に比べて技能への誇り、技能を習得する意欲・行動力等が弱いと言われている。そのため、両者の間に技能継承に対する認識などに差が見られることが考えられる。そうなると、技能継承を始めるとお互いに意思疎通をうまくはかることができず、技能継承が進まないことが予想される。

こうした問題を解決する、あるいは未然に防ぐためには、具体的な技能継承を現場の当事者同士（伝承者と後継者）に任せるのではなく、当事者をサポートする体制を整備したり、当事者以外の第三者が間に入ったりして支援することが必要となる。たとえば、職場の技能継承では技能継承の責任者である監督者自身だけではなく、「45歳以上のベテラン社員」や「30歳以上45歳未満の中堅社員」など複数で担当しており、

図表2-9 「技能継承」の指導者

(単位：％)

		合計	自分（監督者）だけ	自分（監督者）以外の人と自分	自分以外の担当者（複数回答）									不明
					経営者・経営幹部	部長・課長等の管理職	45歳以上のベテラン社員	30歳以上45歳未満の中堅社員	60歳代の正社員や嘱託社員	社内の教育訓練担当者	社外のコンサルタント	その他	不明	
全体		1068	5.9	91.2	(3.4)	(22.9)	(63.3)	(46.8)	(19.4)	(12.7)	(2.8)	(1.6)	(0.1)	2.9
企業規模別	300人未満	203	10.3	87.2	(6.7)	(39.9)	(59.6)	(41.0)	(26.4)	(4.5)	(2.2)	(0.0)	(0.6)	2.5
	300〜1,000人未満	234	6.4	91.5	(2.8)	(19.6)	(64.5)	(49.5)	(19.2)	(13.6)	(5.1)	(2.8)	(0.0)	2.1
	1,000人以上	621	4.3	92.3	(2.3)	(18.3)	(64.4)	(47.5)	(17.6)	(14.7)	(2.1)	(1.6)	(0.0)	3.4

(注1)（　）内の値は、「自分と自分以外の人」を「100％」とした場合の値。
(資料出所) 図表2-5と同じ

とくに、中小企業では「経営者・経営幹部」、「部長・課長等の管理職」および「60歳代の正社員や嘱託社員」が、大企業では「社内の教育訓練担当者」がサポートを兼ねて担当している場合が多く見られる（図表2-9）。

5. おわりに～人材育成や技能継承を積極的に進めていくためには

（1） 求められる人材育成投資戦略とは

　成長している中小製造業のなかでも業態（生産・販売形態）によって「不足している人材のタイプ」「人材育成の課題」「今後の人材育成ニーズ」が大きく異なる。「製品メーカー」では、特定の人材に偏るのではなく、多様なタイプの人材を必要とし、それぞれの人材育成ニーズも高くなっている。これに対して、「加工メーカー」では、必要な人材あるいは人材育成の対象とする人材が「生産現場を任せられる人材」に限られている。今後、中小製造業が競争力を維持してゆくためには、自前の製品を持って、自社の開発力を高めることにあることは否定できないとすれば、あるいは取引先を拡大していくためには、「加工メーカー」であっても教育投資する人材のタイプを広げてゆく必要があろう。

　さらに、訓練分野別戦略についてみると、従業員の能力と仕事のいまのギャップを埋めるための、短期的な視点から行われる目的別・課題別研修と職能別研修だけに訓練資源を集中するのではなく、やや中期的な視点で行われる階層別研修にも資源を配分していくことが必要である。いま必要な能力だけでなく、将来、必要になるであろう能力に関しても教育訓練投資を行う必要があろう。

（2） 求められる外部資源活用戦略とは

　中小企業は外部資源を活用せざるを得ない状況に置かれている。その

理由は、第1に、人的資源の小規模性が持つ制約のために、多様な分野の専門家を確保することが難しい。そのことが製品・サービスの差別化や組織能力の持続的な強化をはかるための障害になっている。第2に、コア業務に経営資源を集中せざるを得ず、補完的業務を遂行するためには外部資源を活用せざるを得ない状況にある。調査結果によれば、多くの中小製造業は受講料が安く、地域に密着した「商工会・商工会議所・経営団体・業界団体・協同組合」等の公的機関および「公共職業訓練機関」を利用しており、中小企業にとっては、公的機関と公共機関は重要な教育訓練機関である。

そのため、中小製造業が積極的に教育訓練を展開していくには、公的機関にこれまで以上に教育訓練機関としての性格を強め、そのための機能強化をはかってもらう必要があるとともに、地域社会（地方自治体を含む）として、機能強化に対して、支援をしていくことが必要であろう。

他方、中小企業自身も地域の学校や教育訓練機関に積極的に協力することにより、地域における人的資源の向上に貢献する必要がある。それは、中小企業の多くが地域密着型であり、地域の労働力をはじめとして様々な地域の資源を活用し、地域市場に商品やサービスを提供している存在であるためである。長期的にみると、地域の人的資源の向上に協力することが、コストや時間をかけずに効率よく質の高い労働力を確保・育成することにつながるからである。

(3) 効果的なOJTを進めていくためには

ものづくりを意識したOJTを進めていくためには、以下のようなポイントを考慮したOJTを展開していくことが必要である。

第1に、基本的な作業が習得できない社員に関しては、できるまでやらせ、絶対にその先には進まないようにすることである。簡単なものからできるようにして、徐々に難しい仕事（工数がかかる仕事）ができるようにするというようなOJTを展開することが大切である。

第2章　中小製造業企業の人材育成（技能継承）投資戦略の特質と課題

　第2に、クレームに関する対応など顧客への対応については営業担当者だけでなく、ものづくりの担当者が同行し、問題を対処した後は、ものづくりの担当者のみが対応するようなやり方を導入することである。それは、顧客のニーズを営業担当者を通してものづくりの担当者に伝えるのではなく、ものづくりの担当者が直接、肌で感じることにより、顧客が何を求めているのかを知ってもらいたいからである。

　第3に、若手社員が「どこが悪いのか」や「どうしたらよいのか」を気兼ねなく、相談したり、アドバイスできるような職場の雰囲気づくりを行うことである。簡単なことに関して、「なぜ、できないのか」というような感じで、若手社員に接するのではなく、落ち着いて若手社員と話をすることである。「これを聞いたら怒られるかなぁ」というのではなく、若手社員と経営者や管理職が一緒に試行錯誤しながら考えることが重要である。

　第4に、経営者自ら若手社員に対して、ものづくりの楽しさを伝える工夫をする。自分が作っている部品がどのように社会で役立っているのかを知ることによりものづくりの大切さや楽しさを体で実感するだけでなく、自分が行っている仕事が単なる部品作りでないことを知ってもらうことができるからである。

（4）　効果的な技能継承を進めていくためには

　限られた経営資源（予算・時間）のなかで、中小製造業が技能継承を効果的に進めていくためには、第1に、経営トップをはじめとして従業員全員が技能継承の重要性を共有することである。現場の技能者が技能継承に危機感を持ち、そのための取り組みを行おうとしても、伝承者（ベテラン技能者）の技能や能力、とくにカン・コツといった五感を必要とする部分を継承者に伝えるには時間と経験を必要とする。しかも、彼ら（伝承者と継承者）は通常の仕事を抱えているうえ、技能継承の問題点として時間や予算の確保を挙げていることから、現場だけで取り組

むのは難しい。職場の上司をはじめ管理職など工場幹部や本社の理解なしには効果的な取り組みを行うことができない。そのためには経営トップをはじめとして従業員全員が「技能継承は経営課題であり、早急に対処しなければならない」ことを認識することが必要である。

　第2に、継承すべき「技能の洗い出し」および継承する「技能の明確化」である。「技能」と一言で言っても、人に依存するという特性からその中身については企業、事業所・工場、さらには職場によって異なることから、継承する技能を「洗い出す」作業が必要となる。また、洗い出した技能のなかからどの技能を優先的に継承しなければならないかという継承する技能の「明確化」作業も必要である。現場にとってはどの技能も必要不可欠であり、継承してもらいたいと考えるものの、限られた経営資源のなかで技能継承を行うのは現実に難しい状況にあり、優先順位をつけることが必要不可欠である。

　第3に、伝承者には技能継承への動機づけをはじめとして、後継者への教え方を指導したり、後継者の意識・考え方を伝えたり、技能継承に対する悩みや相談にのったりするなどの支援が必要である。同様に、後継者には技能継承への動機づけをはじめとして、教わり方を指導したり、ベテラン技能者の意識・考え方等を伝えたり、技能継承に対する悩みや相談にのったりするなどにより、お互いに効果的な意思疎通や技能継承ができるように支援することが重要である。

＜注＞
1) 加護野・井上（2004）の第1章を参照。
2) 佐藤・玄田編（2003）を参照。
3) 職能資格制度の仕組みについては、今野・大木・畑井（2003）を参照。具体的な事例については大木（2006）を参照。
4) このアンケート調査は帝国データバンクの企業台帳から従業員数10人〜300人の製造業で、過去2期、売上が増加している製造業の企業3,000社を対象に実施し、有効回収数（率）は458通（15.3％）である。なお、

第2章　中小製造業企業の人材育成（技能継承）投資戦略の特質と課題

　　　執筆メンバーは江淵弓浩（みずほ情報総研）、田口和雄（高千穂大学）、大橋敦（雇用・能力開発機構）と著者である。
5) 田中・大木（2007）の第9章を参照。
6) このアンケート調査は帝国データバンクの企業台帳から従業員規模30人以上の企業1万社を無作為に抽出し、有効回収数（率）は2,176枚（21.8％）である。教育訓練（Off–JT）の費用総額には、①社外に支払う人件費（社外の講師、指導員の謝金等）、②研修委託費・参加費等（教育訓練を外部機関に委託した場合の費用、各種社外セミナーの参加費、国内外留学のための費用）、③教材費（教育訓練に使用する教科書代・教材費、教科書・教材の開発費等）、④外部施設使用料（教育訓練を行うための施設・設備の借り上げ金、共同施設の管理費・利用費等）、⑤社内人件費（社内の研修施設および能力開発部門の職員の給与等）、⑥社内の施設設備・管理費（建物の減価償却費、光熱費、賃貸料、委託費、保険料、租税公課、補修費、保健衛生費、給食施設費、備品等）を含み、Off–JTに係る交通費は除いている。なお、調査メンバーは、八幡成美（法政大学）、上西充子（法政大学）と著者である。
7) このアンケート調査は、帝国データバンクの企業台帳から従業員規模30人以上の企業1万社を無作為に抽出し、有効回収数（率）は2,063枚（20.6％）である。教育訓練（Off–JT）の定義および調査メンバーは、（注6）と同じである。
8) このアンケート調査は、職場で人材育成および技能継承の中心となっている現場監督者を対象に実施した。調査対象の選定に当たっては、労働組合の産業別組織（基幹労連およびJAM）の協力を頂き、単組の組合員数に応じて配布枚数を決めて、組織ルートで3000枚の配布を行い、1,068枚を回収した。有効回収率は35.6％である。なお、調査メンバーは、藤村博之（法政大学）、田口和雄（高千穂大学）、山田修嗣（文教大学）、井出智則（基幹労連）、本多康浩（JAM）、田島博実・荒井直子（雇用開発センター）と著者である。
9) より詳しくは雇用開発センター（2007）の第Ⅲ部事例編の「金属・機械加工業D社」を参照。
10) 中小製造業を含む中小企業のOJTの様々な取り組みとしては、川喜多（1985）および川喜多・九川（2006）を参照。
11) 技能継承の取り組みの現状と課題については、雇用開発センター（2007）

の第Ⅰ部の解説編によっている。
12) 最近の中小企業の人材確保の取り組みに関しては、本書の第1章を参照。
13) 中小企業金融公庫調査部（2003）の第Ⅲ章を参照。
14) より詳しくは雇用開発センター（2007）の第Ⅲ部事例編の「機械部品製造業C社」を参照。

＜参考文献＞

稲上毅・八幡成美編（1999）『中小企業の競争力基盤と人的資源』文眞堂
今野浩一郎編（2003）『個と組織の成果主義』中央経済社
今野浩一郎・大木栄一・畑井治文（2003）『能力・仕事基準の人事・賃金改革』社会経済生産性本部生産性労働情報センター
岩内亮一・梶原豊編（2004）『現代の人的資源管理』学文社
大木栄一（2006）「事例研究・株式会社東芝」梶原豊編『働きがいを感じる企業』同友館
加護野忠男・井上達彦（2004）『事業システム戦略』有斐閣
川喜多喬（1985）『中小企業の人材育成』中小企業労働福祉協会
川喜多喬・九川謙一（2006）『中小企業の人材育成作戦』同友館
喜多捷二（1999）「中小機械工業における熟練技能の活用と継承」『日本労働研究雑誌』No. 468
(財)雇用開発センター（2007）『大量定年時代の技能継承と人材育成ガイドブック』
佐藤博樹・佐藤厚・大木栄一・木村琢磨（2005）『団塊世代のライフデザイン』中央法規出版
佐藤博樹・玄田有史編（2003）『成長と人材』勁草書房
職業能力開発総合大学校能力開発研究センター（2001）『新規・成長分野における新たに必要とされる能力開発（製造業編）』（調査研究報告書 NO. 99）
職業能力開発総合大学校能力開発研究センター（2003）『企業内教育訓練の再編と研修技法』（調査研究報告書 NO. 114）
田中萬年・大木栄一編（2007）『働く人の「学習」論（第2版）』学文社
中小企業金融公庫調査部（2003）『中小企業における技能承継の現状と展望』
東京大学社会科学研究所スモールビジネス研究会編（2007）『小企業活性化支援の新しいモデル』
日本労働研究機構（2002）『広域京浜地域における雇用開発Ⅲ』（資料シリー

第2章　中小製造業企業の人材育成（技能継承）投資戦略の特質と課題

ズ NO. 123）
日本労働研究機構（2000）『広域京浜地域における雇用開発II』（調査研究報告書 NO. 137）
日本労働研究機構（1999）『広域京浜地域における雇用開発』（調査研究報告書 NO. 123）
日本労働研究機構（1999）『高度技能活用による茨城県北部臨海地域の雇用開発』（調査研究報告書 NO. 122）
日本労働研究機構（1998）『企業内における教育訓練経歴と研修ニーズ』（調査研究報告書 NO. 108）
日本労働研究機構（1996）『中小企業集積（製造業）の実態に関する調査』（調査研究報告書 NO. 82）
久本憲夫（1999）「技能の特質と継承」『日本労働研究雑誌』No. 468
三菱総合研究所（2002）『ものづくり人材育成調査研究事業報告書』
八幡成美（1999）「熟練形成と国際化」稲上毅・川喜多喬編『講座社会学6 労働』東京大学出版会

第3章

就業意識と職場コミュニケーション
～職場の相補的な関係づくりによる従業員の定着～

1. 本章の課題

　ものづくり系の中小企業における職場の課題としては、対人関係に代表される「職場コミュニケーション」の充実がある。これは、採用、定着、仕事への動機づけ、教育・研修などの成果に大きくかかわり、職場の改善のためにも主要な解決課題の1つとなっていると考えられる。

　実際、上司とのトラブルによってせっかく採用に至った人材が早々に退職してしまったり、世代間のコミュニケーション・ギャップによって会社や職場にとって重要な技能が若手従業員にうまく伝わらなかったりという問題が発生し、経営者や現場監督者の頭を大いに悩ませている。つまり、ものづくり系の中小企業にとっては、コミュニケーション課題の解決が持続可能な企業経営を可能にするカギであるといえそうである。

　そこで本章は、コミュニケーション問題という重要かつ緊急な職場の課題に対して、主に「コミュニケーションをめぐる世代間の認識の差」に着目して分析する。そして、経営者や現場監督者を主要な読み手と想定し、この解決のヒントを提示することを目的とする。したがって、実際の職場には多様なコミュニケーション問題があるけれども、それらを網羅的に論じるわけではない。むしろ、多くの従業員には従来からその存在が認識され、解決すべきと考えられてきた、ベテラン従業員と若手従業員の「違い」をあらためて取り上げることになる。そして、いわゆる「武勇伝」として語りつづけられているベテラン従業員の「職場の記憶（物語）」―たとえば「俺の若い頃はなあ…」、「私の時などはねえ…」といった決まり文句で語り始められる若手への強烈な強制メッセージ―についての問題性を指摘する。

　もちろん、若手従業員にも問題がないわけではない。いったん入社したのだからその会社の仕組みをよく理解し、職場風土や雰囲気さえも受け入れるべきだという経営者やベテラン従業員の主張も当然であり、若

第3章　就業意識と職場コミュニケーション

手にそれを期待するのは組織経営の観点からも十分に納得できる。しかし、若者に我慢強さや忍耐力がないからいけないのだとこの問題を安易に放置してしまえば、コミュニケーション課題の解決策も講じられず、実際の職場改善もない。同様に、若者に安易に迎合するだけでも、かえって職場が混乱する。そこで必要となるのは、若手の「変化」を意識してふさわしいコミュニケーションのあり方を模索し、職場におけるコミュニケーションの仕組みを構築（定式化）することであろう。つまり、サブタイトルに含まれる「相補的関係づくり」とは、ベテランと若手の良好なコミュニケーション関係を再構築することを意味する。これは、どちらかが一方的に他方への対応を意識したり変更したりするのではなく、双方が職場のコミュニケーション課題や作業状況をよく理解し、互いに不足を補い合ってバランスよく改善していく過程である。

　こうして展開される職場の相補的関係づくりは、したがってコミュニケーション・ベースの職場の改善過程であるから、やがてコミュニケーションの活性化を通じて「良好な作業効率の職場」を実現することが予想される。ただし、これらの改善方法はただちに利益となって反映されないかもしれず、予想不可能な新しい問題を生み出すかもしれない。それでもなおコミュニケーション課題の解決を主張するのは、この解決が会社や職場の発展には欠かせないからである。むしろこれは、職場にとって継続的な問題であり、対策の有無にかかわらず発生するものであれば、対策を取らずに職場の混乱を招くより、対策を取りつつ安定的な発展を目指す努力をつづけるほうが得策である。社員の採用が難しい、若手従業員の定着が悪い、若手のやる気が見られないとベテランの側が一方的に悩むのではなく、これをベテランと若手の双方の課題とすることで、むしろ職場は活性化するだろう。やはり私たちは、それが「自分の問題」であれば、解決の努力をするはずだからである。したがって、職場におけるこのようなベテラン―若手双方の取り組みにより、職場の良好な協力関係の構築や仕事への動機づけも同時に達成されることになる

だろう。

　以下、はじめに、中小企業の従業員の職場感覚と仕事への取り組み状況を確認する。そして、職場におけるコミュニケーション課題の状況を明らかにし、ベテラン従業員の困惑をデータから導き出す。つづいて、ベテラン従業員におけるコミュニケーション課題を探る。とくに、ベテラン従業員は責任が以前よりも重くなる傾向にあり、同時に、非常に忙しい様子を描くこととする。さらには、ベテランの若手従業員に対するまなざしや期待を析出し、そもそもここに世代間のギャップがあることを把握する。最後に、これらコミュニケーション課題の解決にあたり、必要となる職場運営の改善案を提示し、職場の相補的な関係づくりにおける人的資源管理の有効性について示したい。

2．就業意識と職場に対する評価

（1） 就業意識
①　会社と仕事に対する気持ち

　(財)雇用開発センターの調査（「ものづくり人材の就業意識アンケート」）結果にもとづき、中小ものづくり企業の従業員の職場や仕事に対する責任感、あるいは仲間意識の強弱についてみると、それらは総合的に「強い」と判断してよさそうである。

　図表3-1によれば、「仕事での課題や責任をまっとうしようという気持ち」は約9割（88.6％）が「かなり強い」（34.4％）または「やや強い」（54.2％）と回答している。また、「自分は会社の一員だという気持ち」では、84.1％（32.4％＋51.7％）が同様に回答している。「会社の一員」だとする強い「所属感覚」の傾向は、とくに「40歳代」において顕著であり、一定の職場経験を積んだ従業員に典型的に見られる認識ではないかと考えられる。さらには、全体に会社や職場への貢献意識も高く、「会社（職場）の発展のために最善をつくそうという気持ち」は

第3章　就業意識と職場コミュニケーション

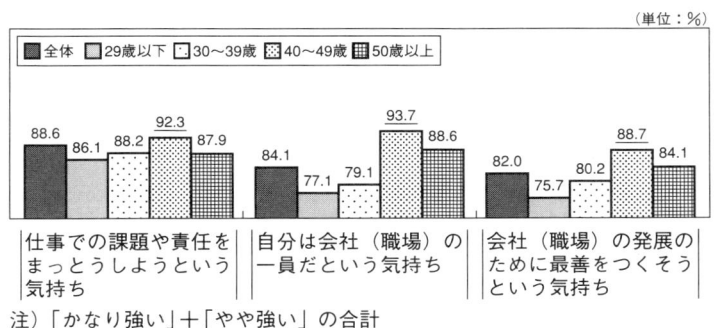

図表 3-1　年齢層別にみた会社と仕事に対する気持ち

(単位：%)

凡例：■全体　□29歳以下　▨30〜39歳　▦40〜49歳　▤50歳以上

仕事での課題や責任をまっとうしようという気持ち：88.6／86.1／88.2／92.3／87.9
自分は会社（職場）の一員だという気持ち：84.1／77.1／79.1／93.7／88.6
会社（職場）の発展のために最善をつくそうという気持ち：82.0／75.7／80.2／88.7／84.1

注）「かなり強い」＋「やや強い」の合計

82.0％（29.8％＋52.2％）であった。この問いにおいても、40歳代の高い「会社への貢献意識」が確認される。つまり、このデータが示す重要な論点は、従業員が会社への一体感をいだき、貢献意欲をもって働いてくれるまでには、ある程度の時間がかかるのではないかということである。したがって、入社からこの年代に至るまでの従業員への配慮やサポートが不可欠であり、それがいかに大切かがわかる。

他方、仕事への関心の高さについてみると、「仕事内容への興味や関心」を問う設問に対し、77.0％（23.1％＋53.9％）が「かなり強い」または「やや強い」と回答していた。ただし、この傾向はとりわけ「監督職」にあらわれている。役職（ポスト）について、仕事全体を見わたすことができる点が、関心の高さと関係しているかもしれない。また、「責任のあるポストにつきたいという気持ち」は全体で41.7％（11.9％＋29.8％）にとどまるものの、やはり監督職の回答が目立っていた。こうした役職への登用は、従業員の仕事への動機づけを与えていることがわかる。したがって、若手従業員への権限の委譲、役職への登用を進めるという手段が、若手のやる気を促す可能性があるといえよう。

② これからの働き方や能力開発の方向

自身のこれからの働き方や能力開発の方向については、「今の会社でものづくりの技術・技能を磨く」傾向が確認される。

図表 3-2 によれば、「知識、技能の内容を深めて、熟練を高める」と回答した人は 78.7％（「そう思う」34.2％＋「ややそう思う」44.5％）であった。とくに、9 人以下の小規模組織で割合が高くなっている。オールマイティに働かなければならない職場にあって、従業員自身もその必要性を十分考えているようである。また、「多様な知識、技能を身につけて、仕事の幅を広げる」との設問には、同じく 75.2％（33.9％＋41.3％）が回答しており、これには 20 代から 30 代の若年層の回答が目立っている。したがって、若手従業員にも向上意欲が相当程度ありそうだと思われるので、表面的に見て向上意欲がないと判断するのではなく、向上意欲を表現するしかたが多種多様であると考えたほうがよさそうである。同様に、「今の会社でものづくりの仕事をつづける」と考えている従業員は 70.4％（37.8％＋32.6％）であり、これは高年齢層に多く見られる傾向であった。

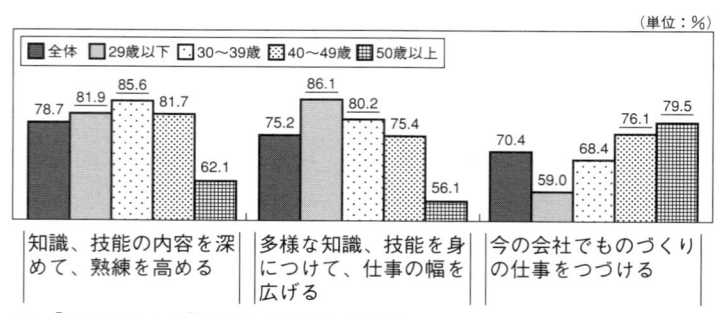

図表 3-2 年齢層別にみたこれからの働き方や能力開発の方向

(単位：％)

	全体	29歳以下	30〜39歳	40〜49歳	50歳以上
知識、技能の内容を深めて、熟練を高める	78.7	81.9	85.6	81.7	62.1
多様な知識、技能を身につけて、仕事の幅を広げる	75.2	86.1	80.2	75.4	56.1
今の会社でものづくりの仕事をつづける	70.4	59.0	68.4	76.1	79.5

注）「そう思う」＋「ややそう思う」の合計

第 3 章　就業意識と職場コミュニケーション

(2)　職場評価
①　会社・職場や仕事についての見解

つづいて、会社や職場に対する従業員の見解（評価）を確認してみよう。

回答結果で上位にあがった項目は、まず、「都合の良い勤務地である」という条件であった。これには 74.5%（「そう思う」41.2% +「ややそう思う」33.2%）が回答しており、自身の生活と職場の関係が適度に調整されていることが望ましいとする意見ではないかと思われる。募集・採用においては、地元志向を考慮するなど一定の参考となるだろう。また、中小企業では転勤の可能性が少ないことも、募集におけるメリットになるかもしれない。

次に、図表 3-3 によると、「責任ある仕事を任される」ことに対する評価は、74.4%（「そう思う」33.1% +「ややそう思う」41.3%）が肯定

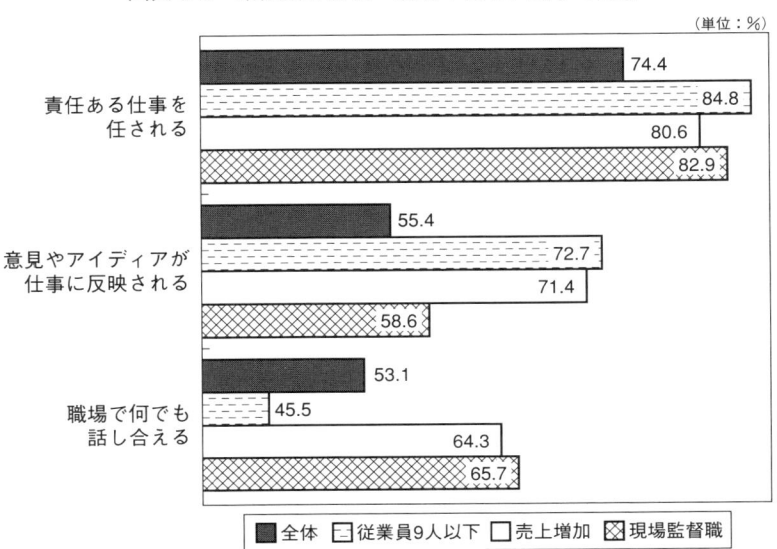

図表 3-3　勤務先の会社・職場や仕事に対する見解

(単位：%)

	全体	従業員9人以下	売上増加	現場監督職
責任ある仕事を任される	74.4	84.8	80.6	82.9
意見やアイディアが仕事に反映される	55.4	72.7	71.4	58.6
職場で何でも話し合える	53.1	45.5	64.3	65.7

注)「そう思う」+「ややそう思う」の合計

的に回答していた。とくに、「9人以下」の事業所において目立っている意見である。実際には、少人数の組織では個々人に重要な作業を配分しなければ仕事にならず、これが結果的に好意的な見解につながっている可能性がある。これに類する会社への好印象の項目としては、自身の「意見やアイディアが仕事に反映される」が55.4％（15.9％＋39.5％）[1]、「職場で何でも話し合える」が53.1％（19.3％＋33.8％）[2]という結果であった。ここで注目されるのは、「売上増加」と回答した企業において、「意見やアイディアが仕事に反映される」や「職場で何でも話し合える」の回答率が高いことである。調査データではこの因果関係は十分に解明されないけれども、良好なコミュニケーションの存在が売上増加と結びついているのは指摘できるだろう。

　また、職場経験を通じた「自己実現」もキーワードといえそうである。たとえば、「尊敬できる先輩や上司がいる」は49.0％（20.7％＋28.3％）が回答し、とくに「29歳以下」の従業員と、「売上増加」している会社での回答が目立っている。同様に、「仕事を通じて成長していると感じる」は46.8％（16.5％＋40.3％）であり、これも「売上増加」企業において顕著であった。とりわけ20歳代の若年層において、「尊敬できる先輩や上司」の存在が重要であり、身近なロールモデル（お手本）がいることが若手の動機づけに意味を持つことがうかがえる。

　このように、中小製造業の職場では、「他者からの承認」、「自己実現」、「信頼できる人間関係の重視」が仕事への動機づけにおいて重要な条件項目となっている。これらはいずれも、コミュニケーションの活用によって達成可能な条件である。会話をすること、仕事の話し合いを十分に行って誰彼の区別なく意見が仕事に反映されることは、言葉・対話によるコミュニケーションの一例である。もちろん、「仕事を通じて成長」していると実感できる点についても、職場の先輩が若手を「ほめる」ことによっていっそう実感されるはずである。さらには、責任ある仕事を与えて個人を「承認」することや、先輩や上司が仕事のやり方を示し良

きお手本となることは、「仕事」や「姿勢」を伝達内容としてコミュニケーションを行っていることである。

他方で、「会社の経営方針がはっきりしている」が63.8%（30.2%＋33.6%）、「新しい技術や設備の導入に力を入れている」が51.9%（21.8%＋30.1%）と、経営姿勢の観点から会社や仕事を評価する意見も確認された。これも解釈にすぎないが、会社からのメッセージがはっきりしているほうが、自身にどのような「磨き」をかければよいか、その自己実現の方向性がわかる点で評価につながった可能性も否定はできない。

② 仕事や職場に関する不安

会社や職場への高い評価がある一方で、中小企業の従業員は「教育・訓練に関する不安」を感じている。

まず、「高度な技能を教える手法や手順が未整備」との不安が目立ち、「そう思う」と「ややそう思う」の合計は57.5%（20.0%＋37.5%）であった。この回答は、「売上減少」の企業の従業員において顕著であった。技能の伝承に企業の業績確保のカギがあることがうかがえる。次に回答率が高かったのは、「多忙で、教育訓練の時間が確保できない」であり、51.4%（14.9%＋36.5%）という結果であった。これは、「現場監督職」の意見に多く見られた。上の課題と関連づければ、現場の責任者が教育・訓練の時間をとれないことと、技能伝承のための仕組みの未整備は、同根の問題であるといえるだろう。まず、教育・訓練のための仕組みを整備することによって、現場の責任者の教育や部下とのコミュニケーションの時間を確保する取り組みが急がれる。以下同様に、「社内に指導的人材がいない」は47.4%（18.3%＋29.1%）で、「30歳代」に多い回答である。中核的人材を育成するために、やはり教育・訓練の必要性が高く、それには身近な指導者が必要であることがわかる。さらには、「若い世代に伝承する技能の内容が不明確」が45.7%（14.5%＋31.2%）であり、これも「売上減少」の企業において目立つ回答となっ

ていた。

　これらから判断される課題は、業績の確保にとっても、職場の円滑な業務遂行にとっても、教育・訓練の体制を確保することが重要であることがわかる。そして実際には、先述の項目からも判断されるように、教育・訓練にはコミュニケーションの要素が必要であり、そのための仕事内容や技能の整理と伝達のための作業の見直しや標準化が重要となるであろう。

　他方、「コスト低減や納期で、納得のいく仕事ができない」は40.0％（11.1％＋28.9％）で、比較的深刻な問題ではあるが、これは「設計・技術職」に多く見られる回答であった。むしろ専門的な技術者のための施策として有効なデータとなるだろう。

③　ものづくり産業とその仕事の現状と将来

　中小規模の製造業においては、従業員の安心の源泉はやはり「売上増加」である。また、個々人は「職業経験の積み重ね」によって「仕事への自信」がつくようであり、こうした経験の違いから「若者との意識差」が発生していると考えられる。

　「ものづくりの仕事は社会的に評価されている」と考えている割合は全体で52.3％（18.3％＋34.0％）であり、「評価されていない」の回答の20.7％（3.3％＋17.4％）よりも大きく上回っている。とくに「製造・技能職」において、評価されているとの回答率が高かった。これに対し、「ものづくりの仕事は若者から関心がもたれていない」と回答した人は45.8％（7.6％＋38.2％）もおり、「若者の関心を集めている」の14.2％（3.0％＋11.2％）と比較して3倍にもなった。この回答者の傾向をみると、①「監督職」、②「高年齢層」、③「30〜49人」の規模において心配している回答が多いことがわかる。したがって、ベテランや中堅従業員の考えている「ものづくり」の仕事の特徴や充実度（仕事のやりがい）と、入社後間もない若手従業員の印象には、明らかな隔たりがあるのではないかと予想される。

第 3 章　就業意識と職場コミュニケーション

　製造業および在籍している会社の現状と今後についての見通しは、「経営努力と工夫で存続・発展可能」が45.6％（15.2％＋30.4％）、「政策や経営努力により存続・発展可能」が43.8％（16.4％＋27.4％）という結果であった。いずれも、「衰退する」や「業績が厳しくなる」との回答率に比べて上回っており、同業種への期待の様子がうかがえる。ただし、このポジティブな回答は「売上増加」の企業に集中しているため、製造業全体の将来性というよりは、製造業のなかでも成長している企業の成功体験からもたらされた期待かもしれない。

④　会社の魅力づくりや働きやすい職場づくりへの要望

　現在勤務している会社や職場に対し、どのような要望が寄せられているか。とくに、魅力ある会社づくりと働きやすい職場づくりの観点から、以下のポイントが指摘される。

　まず要望が多いのは、「能力や成果・業績の的確な評価」であり、これが59.0％という結果であった。これは、「監督職」や「9人以下」の規模の企業にとくに集中しており、現場の責任者に対する処遇や評価の正当性や、体系づけられた評価システムが求められていることがわかる。こうした制度的な対応の必要性は、中小規模であるからやむを得ないという消極的な考えはもはや許されず、整備が急がれる項目といえる。

　同じ調査結果からコミュニケーションの論点と働きやすさの関連を調べてみると（**図表3-4**）、「現場のチームワークやコミュニケーションの向上」が半数をこえており（53.1％）、とくに「30歳代以下」、つまり若手の意見が多いことがわかった。「従業員の意見や工夫、提案を活かした改善活動」には44.0％、「管理・監督職の指揮・管理のしかたの改善」には35.4％、「現場の仕事の割り振りや役割分担の整備・改善」には29.9％、「従業員の悩みや苦情の相談に応じる制度の整備」に25.3％、「現場の小集団活動による業務改善」には13.1％の意見が集まった。回答者の属性別に見ると、「相談に応じる制度の整備」は、「30歳代以下」の意見が多く寄せられていた。また、「監督職」はそれ以外のポジショ

図表 3-4　会社の魅力づくりや働きやすい職場づくりへの要望（複数回答）

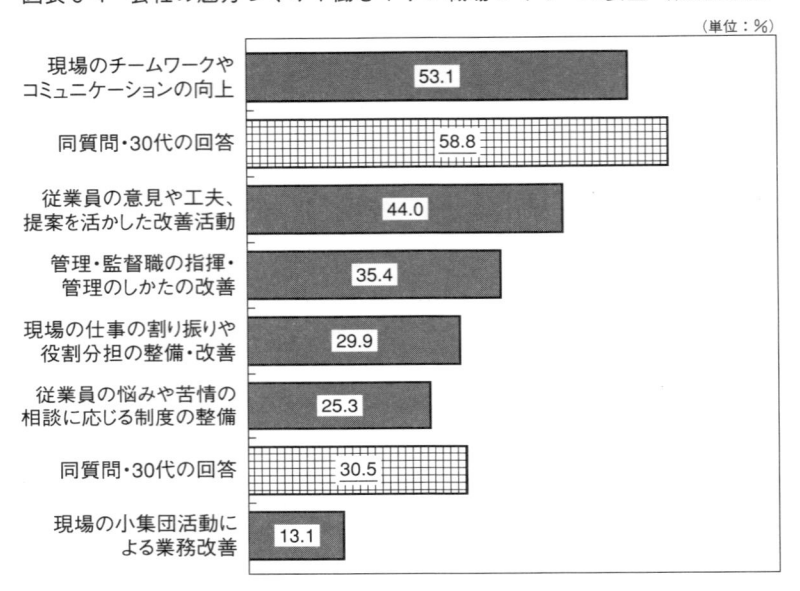

(単位：％)

- 現場のチームワークやコミュニケーションの向上: 53.1
- 同質問・30代の回答: 58.8
- 従業員の意見や工夫、提案を活かした改善活動: 44.0
- 管理・監督職の指揮・管理のしかたの改善: 35.4
- 現場の仕事の割り振りや役割分担の整備・改善: 29.9
- 従業員の悩みや苦情の相談に応じる制度の整備: 25.3
- 同質問・30代の回答: 30.5
- 現場の小集団活動による業務改善: 13.1

ンの従業員に比べ、「小集団活動による業務改善」を希望していることがわかった。

3. 職場の安定を作り出すためのコミュニケーション課題

（1）　先輩社員が見る若手の職場生活
①　若手社員（30歳未満）の配置

（財）雇用開発センターが2006年に実施した、「技能継承と現場監督者の役割に関する調査」結果によれば、若者が少ない中小規模職場という状況が明らかとなった。

まず、30歳未満の若手が職場に「配置されている」と回答した事業所は全体で72.1％、平均の人数は4.6人であった。しかし、大規模の

第3章　就業意識と職場コミュニケーション

企業ほど「配置されている」との回答割合が高く、300人未満の企業に限れば若手の配置は68.1%に減少する。反対に、「配置されていない」のは26.2%となり、これも300人未満に限定すると、30.6%と割合が増える結果となった。もちろんこの調査結果から、各職場に若手従業員がいないと判断できるわけではないが、中小規模の事業所において若手従業員が少なくなる傾向がはっきりとしている。

　ここで問題となるのは、結果的に、同世代の存在が少ないという状況である。先にもふれたように、従業員は一定の経験を積むまでは身近なよりどころ（頼れる先輩や仲間）を必要としている。したがって、同世代の仲間の不足は、会社への一体感を自覚したり仕事へのやる気を自身が発見したりする過程においてはマイナスとなる場合がある。年度ごとの採用数には制限があるから、1つの職場に数名を配置するわけにはいかない事情もあるだろう。そこで、入社後の一定期間を同一の職場に配置し、仲間とともに研修やOJTを行うといった仕組みづくりは、コミュニケーションの円滑化とともに、若手の初期の動機づけをうながす方法として参考になる。たとえば、以下の事例が該当する。

──**新入社員研修の後に勤労課に配属**──[3]

　（同工場の）職場におけるコミュニケーションについては、まず従業員間の接点づくりに工夫が見られる。新入社員は全体研修の後、それぞれ事業所に配属されることになるが、このとき同工場は新人の全員を勤労課に配属させている。それは、はじめに同課で熟練社員がついて、新人を指導する方法をとっているためである。この段階で鋳物係や設備保全係などを担当し、職場の基礎を身につけていくのである。

──**若手同士のコミュニケーションで職場改善**──[4]

　（同社の）新卒技能者の場合、NC旋盤の職場に配属されること

> が多いが、昔は NC の操作は大変だったのに比べ、今の若い人はコンピュータに慣れてきていて、それほど難しくはないという。新卒者の直接指導には、1年先輩の従業員が当たっている。熟練した年長の人が担当するより、新人のときに何が分からなかったかを覚えている若手が指導に当たるのが好ましいと考えたためである。また、先輩従業員は、新人に教えることによって自分にもプラスになる。分からないことが出てくれば、さらに経験のある従業員に尋ねることを奨励しているという。

② 職場の若手社員のイメージと評価

職場の先輩の視点では、若手に対して、仕事の遂行や理解に対する不満があり、「仕事に対する姿勢の物足りなさ」を指摘する声が多いようである。あわせて、「仕事ベースのコミュニケーションが思うようにとれていない」という実情が指摘される[5]。ここで指摘されている「仕事ベースのコミュニケーション」とは、仕事の与え方や指導を通じて行われる、先輩と後輩のコミュニケーションである。したがって、日常会話やあいさつといった対話形式ではない。つまり、仕事の発展や向上を目指そうとする職場の雰囲気や傾向が従業員間に共有されてこそ、このコミュニケーションは有効となり、いっそうの意味をもつものといえるだろう。

この対策においては、若手従業員の発想を経営に巧みに取り入れる工夫やその制度化が重要だといえる。たとえば、若手従業員の意見を取り入れるために、ボトムアップ型の情報交換を活用している企業の事例がある。

> ──若手社員の視線で経営スタイルを柔軟に変更──[6]
> 　若年者とのコミュニケーションのとり方について、同社の社長は「(会社のやり方を) 押しつけずに、若年世代に会社側が合わせない

第3章　就業意識と職場コミュニケーション

> といけない。そのためには、ボトムアップで従業員の意見や不満を吸い上げることと、会社の情報をオープンにすることを励行して、従業員に夢を与えられる会社をつくることが大切だ」と語っている。

しかし、実際には、円滑なコミュニケーションを行うことが難しいと実感するベテラン従業員の意見も多い。図表 3-5 によれば、「細かい指示を出さなければ理解してもらえない」と感じているベテランは 67.8% もいる。以下同様に、「与えられた作業を仕事の全体に結びつける力が弱い」（62.9%）、「指示されたことしかしない」（61.5%）といった、若手従業員への不満が聞こえてくる。事実として、ベテラン従業員はその責任や仕事量の点で、思うように指導の時間がとれない状況にある。よって、細かい指示を出すことは場合により難しいこともあるだろうし、一回の指示で多くの内容や仕事の全体像を把握してくれれば、自分の仕事に集中できて助かるというメリットもあるだろう。この点では、ベテ

図表 3-5　若手とのコミュニケーションに関するベテラン従業員の意見

（単位：%）

項目	当てはまる	やや当てはまる
細かい指示を出さなければ理解してもらえない	16.4	51.4
作業を仕事の全体に結びつける力が弱い	9.7	53.2
指示されたことしかしない	15.4	46.1
そもそも日常会話が成立しない	2.4	25.4
上司・先輩の話に耳を傾けない	2.6	21.8
注意すると反抗する	2.9	16.9

ランばかりに仕事配分上の責任を任せるのではなく、若手へのスムースな仕事伝達を考慮した会社の制度的な仕組みづくりが要望されていると考えられる。

　あわせて、若手に対して会話・コミュニケーションの問題が指摘されたり、教育指導における不満をもらしたり、「人格的な成長への期待」をするベテランも多かった。この状況は、職場において、若手と「対話ベースのコミュニケーションさえ取るのが難しい」ということになる。図表3-5によれば、「そもそも日常会話が成立しない」との設問に、「当てはまる」、「やや当てはまる」と回答した人は27.8％であった。話題をさがすことさえ難しい状況がうかがえる。また、「上司・先輩の話に耳を傾けない」では24.4％、「注意すると反抗する」への回答が19.8％にもなり、若手の側に話の内容を注意深く聞き、理解するよう求める声も多かった。

　これへの対応策として、会社や職場における和の重視を説明したり、組織とはコミュニケーションが必要であることを伝達したりする事例がある。

> ──**あたたかみのある会社で話しやすく、和を重視**── [7]
> 　（従業員間のコミュニケーションを充実させ、高い定着率を達成している秘訣は）職場や会社における人間関係の「あたたかさ（良さ）」が理由だという。同事業所は、「あたたかみのある工場」という評判も同社内では有名らしい。この評判は、現場の「和」について職長がよく気をつかっている結果であり、それゆえ従業員がみな「人なつっこく」なり、OB会も充実しているので人的な交流が十分にできているからだと判断されている。これらの豊富な社員間・世代間の交流を通じて、日常的に会社に対する先輩社員の思いなどを若手に伝え、仕事面でのやる気を喚起しているとのことであった。

　しかし、コミュニケーション課題が発生することは、会社や職場の不

備や改善活動の後退をただ意味しているだけではない。たとえば、会社や職場の変革（たとえば、技能継承のための改善）プロセスに入り、対応策を実践することによって、それまでの職場コミュニケーションにおける課題が明らかになる場合がある。つまり、職場の課題の抽出が容易になるという効果があらわれる。また、コミュニケーションのための仲介者（中堅社員）の不在があらためて指摘され、ベテランから若手に対するコミュニケーションの問題が生じれば、その間に中堅社員を配置する対応も考えられる。よって、職場の人員構成上、年代的に見てもバランスがよくなることになる。これが技能継承ばかりでなく、コミュニケーション効果も手伝って、職場改善に効果を発揮するであろう。さらに、教育・訓練体制の未整備による世代間の溝の発生によって、適切な施策の制度化が必要となる。これらの施策が成立すれば、比較的長期的に従業員それぞれが仕事に集中することができるようになる。このように、問題が発生し、それを改善しようとする努力の過程が、結果的にはその会社や職場に利益をもたらすと考えられる。

③　若手社員と接する際の悩み

ベテラン従業員のコミュニケーション状況を見てみると、若手従業員との接し方に苦慮する姿が浮き彫りになる。改善しなければならない「課題を抱えた職場の監督者ほど、適切なアドバイスのしかたに悩む」状況にあるといえる。くわえて、世代間のギャップにベテラン従業員ほど悩んでおり、話の内容の選択にも苦労するのが現実のようである。たとえば、「仕事に対する取り組み姿勢の伝え方」に悩むベテランは43.8％もおり、技能継承が問題化している会社や職場において、その傾向が顕著である。さらには、技能継承の進行が遅れていたり、ベテランと若手の意識差が目立っていたり、人手不足が深刻であったり、仲介者となる中堅層社員が不足しているところも、仕事への取り組み姿勢をいかに伝えるべきか苦慮していることがわかった。おそらくこの傾向は、若手への仕事の説明にとって重要な、「仕事の意味づけの仕方」（38.9％）の悩

図表 3-6　職場の状況別にみた若手との「接し方」に関する悩みの割合

(単位：％)

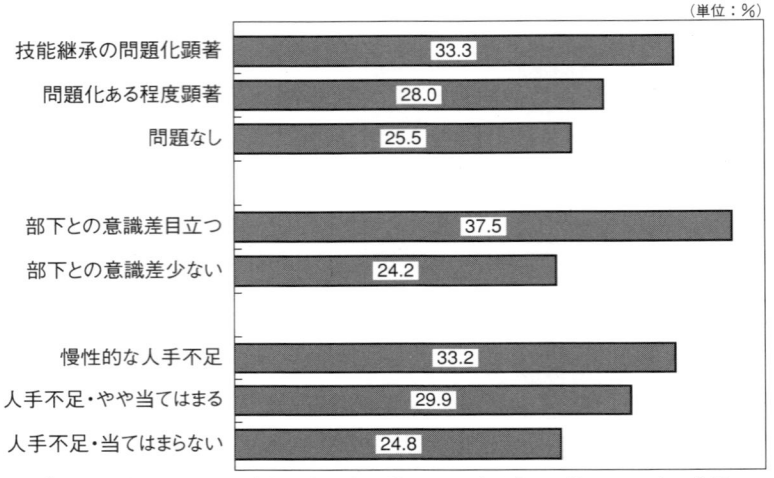

区分	割合
技能継承の問題化顕著	33.3
問題化ある程度顕著	28.0
問題なし	25.5
部下との意識差目立つ	37.5
部下との意識差少ない	24.2
慢性的な人手不足	33.2
人手不足・やや当てはまる	29.9
人手不足・当てはまらない	24.8

注)「仕事に対する取り組み姿勢の伝え方に悩んでいる」＋「やや悩んでいる」の合計

みとも大きく関係しているはずである。

　こうした問題への対応は、まず会社や職場において仕事への取り組み方を仕組みとして定め、制度化する過程に解決のヒントがあるといえる。たとえば、若手の技能向上への動機づけ策である「マイスター制度」や、面接を通じて若手の希望調査を行っている以下のような仕組みである。

───「技能マイスター」制度の導入による継承の制度化───[8]
　(同社では) 技能マイスターにおける技能継承の対象となっている職種は29職種に及び、職種ごとに技能マイスターと技能サブマイスターを認定して、技能継承に取り組ませている。

───職場の技能要求と若手社員の習得希望を調整───[9]
　(技能習得希望の調整の) 仕組みにおいては、まず、技能を有する人 (職場の主任レベル) と受け継ぐ人を決める。伝承者 (教える

側)には、「代表推進委員」の肩書きと発令書を与える。これは人事制度上の辞令ではなく、あくまでも事業所の工夫として、同社の制度の枠組み内で実施されているものである。つづいて、伝承者と受け継ぐ人との相互の話し合いをもとに、職場として必要な技能、若手が受け継ぎたい技能のそれぞれを定める。そして、職場の作業標準をもとに双方の希望を調整し、技能の上達に関する見取り図を個々に作成させる。このようにして、職場におけるおよそ3年間の技能継承マップ（計画）を作成し、その評価を行い、さらには技能継承に関する報告会を徹底指導することによって、技能の継承を効果的に進めている。

――**若手による商品開発でやる気を刺激**――[10]

（動機づけの方法にはさまざまなものがあるが、たとえば）開発部門では、若手社員だけで商品開発などを行わせたりして、仕事への取り組み意欲や意識を引き出すようにしている。なお、その際には開発責任は問わないようにしている。

――**1人1タレント活動で対応**――[11]

技能継承の取り組みに平行して、同社は従業員が各自の得意分野を磨くことを目標にして、1つ以上の資格を取得することを奨励する「1人1タレント活動」を開始した。ここで言う「従業員」とは、技能者だけではなく、事務、技術、設計などの間接部門の従業員や管理職、監督者、さらに契約社員も含まれている。取得を支援している資格は国家技能検定、ビジネスキャリア制度、TOEIC、情報処理技術者など幅広い。資格取得の支援内容は、受験料の補助、取得者への一時金支給などであり、資格取得者には年2回合格者を集めて役員との集いを実施している。

こうした仕組みが整備されれば望ましいが、そもそもベテランは若手に対する「接し方」(29.1%)の悩みがあるようである。とくに、技能継承の問題化が顕著であり、部下との意識差が目立ち、人手が不足している職場において、若手との接し方に悩むベテランが多かった。何かしなければいけない状況にあっても、どのように若手に手をさしのべればよいか、よくわからないといった問題かもしれない。そこで、バランスのとれた年代別の従業員配置はもちろん重要である。しかし、それが難しい職場では、従業員間のコミュニケーション・マニュアル[12]などの整備をして、従業員に配布し、徹底することも改善のヒントとなるかもしれない。

(2) 責任者の役割
① 監督者の責任の強化にともなう課題
　職場の改善において重要な役割を果たす監督者は、実際には「責任の強化」によって、部下とのコミュニケーション時間が減少しており、それが結果的に監督者のやる気の低下につながっていると考えられる。

　調査結果を見ても、総合的な責任が大きくなった(86.6%)、人材育成の責任が大きくなった(76.1%)、安全衛生の責任が大きくなった(79.4%)という回答率はとても高く、現場監督者の役割は強化されていることがわかる。

　これらの問題を示す事例には、責任の委譲の課題、中堅社員の責任の強化(とそれへの反発)などがある。

――責任の委譲における課題――[13]
　(いわゆる団塊の世代の大量退職にともなう)人員構成のインバランスは、人材の高齢化を示すばかりでなく、技能継承のための中核的な人材である40歳前後の中間層の不在でもあった。中間の世代がいないことで、同事業所では継承先が30歳以下の若手人員に

> 限られてくるため、ますます年代間のギャップとともに継承が難しくなる事情も深刻さを増していた。同時に、若手従業員へと責任の委譲を進めるほど、通常業務には支障がないが、トラブル発生時には経験の不足から対応ができないといった、新しい課題も認識されるようになった。

> ──**技能継承における中堅社員への責任の強化**──[14)]
> 技能継承を推進する制度の導入直後、主任レベルの人たちから、仕事・作業が増えるとの苦情が多く事務局に寄せられた。たいていは、資料作成の負担などの訴えが主たる内容であったが、時間経過とともにこれらの苦情は減少していった。これは事務局の説得努力のたまものであり、工場長をはじめ職場の長や各従業員によく理解してもらいながら進行してきたという。

② 部下との接点

現場監督者の責任の強化にともない、「部下とのまとまった話し合いの時間不足」、「部下を理解するための時間の不足」が心配されるようになっている。とくに、「個人的な指導・アドバイス時間の不足」が問題となっており、これに関連して「指導方法が定まっていない」、「会社の人材育成のための仕組みが未整備」といった制度整備が求められている。

たとえば、業務全体における「部下の指導・育成」に費やす割合は、平均して仕事全体の28.3％を占めているが、実際に1日あたりの1人の部下と接する時間は14.9分であった。1人あたりおよそ15分の接点で、適切に部下の状況を把握し、仕事のアドバイスをするにはそれなりの能力・テクニックが必要となるだろう。もっとも、**図表3-7**によれば、「仕事に関係ない話を含め、よく話をしている」監督者は55.3％いて、上司の側が積極的に声をかけている様子もうかがえる。

しかし、「仕事に関係する話が十分にできていないことがある」と回

図表 3-7　現場の監督者の部下とのコミュニケーション状況

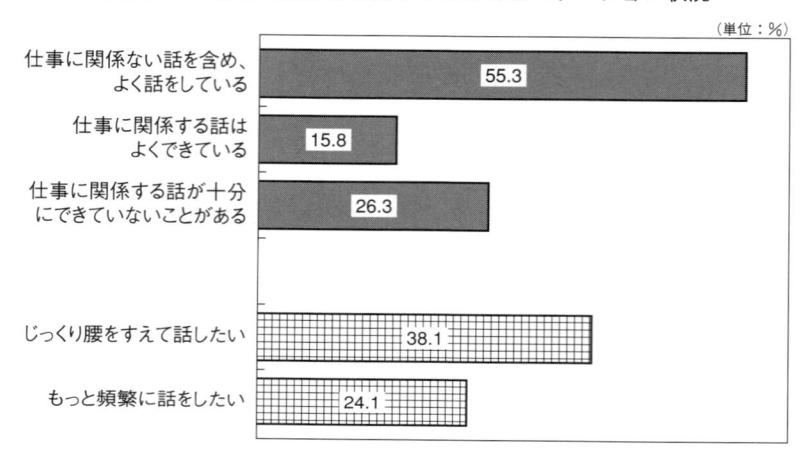

（単位：％）

- 仕事に関係ない話を含め、よく話をしている　55.3
- 仕事に関係する話はよくできている　15.8
- 仕事に関係する話が十分にできていないことがある　26.3
- じっくり腰をすえて話したい　38.1
- もっと頻繁に話をしたい　24.1

答した監督者は 26.3％ にもなり、さらには、「じっくり腰をすえて話したい」(38.1％)、「もっと頻繁に話したい」(24.1％) という回答も見られる。このように、部下との接点づくりにおいては時間の不足が深刻であり、したがって、その対応のための施策が求められていると判断できる。

③　若手社員とのコミュニケーションの実際

それでも現場監督者は、限られた時間を有効に使いながら、部下に積極的に声をかけ、話をしようとしている様子がわかる。

図表 3-8 によれば、「相手が話す内容を正しく理解する」よう心がけている人は 90.5％、「相手の話を最後まで聴く」よう努力している人は 88.9％ にもなる。監督者は部下の声に真剣に耳を傾けているのである。同様に、「積極的に声をかける」(83.6％)、「仕事以外の話もする」(83.5％)、「話しやすい雰囲気をつくる」(78.7％) などの努力もなされていることがわかる。

ただし、技能継承が「進んでいる」職場では、「声かけ」の実施割合が 85.9％ であるのに対して、技能継承が「あまり進んでいない」職場では 78.8％、「進んでいない」職場では 68.8％ と、技能継承の進行状

第3章 就業意識と職場コミュニケーション

図表3-8 現場監督者が若手とのコミュニケーションで
心がけていること（複数回答）

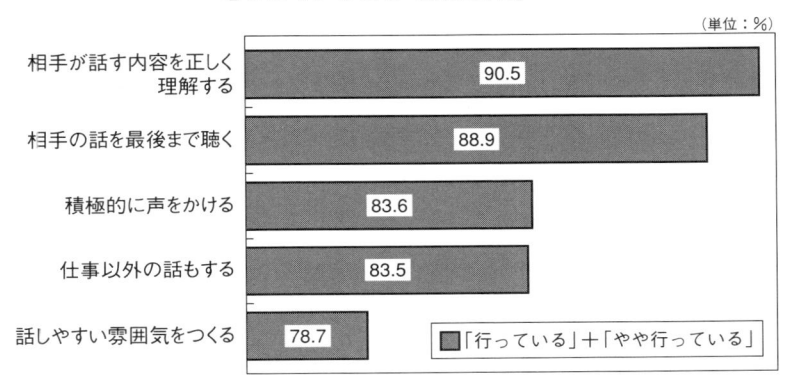

（単位：％）

- 相手が話す内容を正しく理解する　90.5
- 相手の話を最後まで聴く　88.9
- 積極的に声をかける　83.6
- 仕事以外の話もする　83.5
- 話しやすい雰囲気をつくる　78.7

■「行っている」＋「やや行っている」

図表3-9 技能継承の進捗状況別にみた「若手に積極的に声をかける」
現場監督者の割合

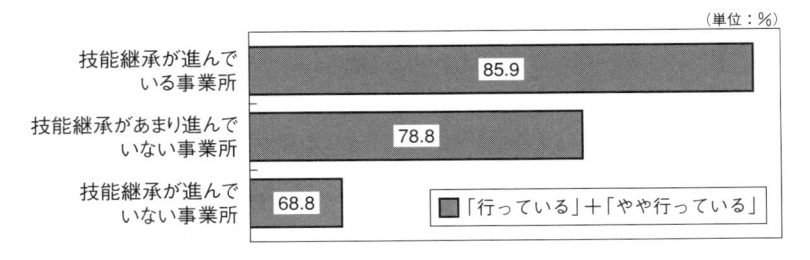

（単位：％）

- 技能継承が進んでいる事業所　85.9
- 技能継承があまり進んでいない事業所　78.8
- 技能継承が進んでいない事業所　68.8

■「行っている」＋「やや行っている」

況にしたがって部下への「声かけ」の程度が異なっている。つまり、技能継承などの課題に取り組む会社や職場ほど、職場改善にむけた努力が必要と感じて、コミュニケーションの実施の努力をしているということがわかる。

このように、課題を抱え、その改善にむけた努力を行っている会社や職場では、コミュニケーションの充実ぶりが確認できる。しかし、声かけなどのコミュニケーションの実践や、対話によって相手の考えを理解しようとする取り組みだけでは、実際の職場の改善・発展につながるかどうかは判断が難しい。むしろ、若手の考え方を指導やアドバイスにど

の程度反映させられるか、つまり、ベテランの経験的な判断と若手の意見をうまくミックスさせられるかが重要となるだろう。このようなバランスの課題が、コミュニケーション問題にも存在している。

4. コミュニケーション課題の解決策

　ここでは、これまでのヒアリング事例から、職場改善とコミュニケーション、さらには望ましいコミュニケーション・パターンについて確認をしておこう。

　はじめに、職場の良好なコミュニケーションのためには、「若手従業員の考え方を反映させる」施策が必要である。たとえば、若手リーダーの抜擢を積極的に行うなど、若手の役職への登用を進めることで意見の反映を行うなどの方法がある。

> **若手のリーダーの抜擢事例**
> ——若手のリーダーの存在——[15]
> 　（同社では）若手従業員に対する先輩の評価は、おおむね良好であるという。とくに、勤労課の熟練社員（指導者）が見るところでは、リーダーとして立派に勤められる若手従業員もいることから、必ずしも若年者が「でき」が悪いという印象を抱いているわけではない。

　また、課題改善やコミュニケーションの専門の担当者をおくことで、彼らがベテランと若手の仲介機能を果たし、コミュニケーションを円滑に進める事例がある。

> **コミュニケーション担当者の設置事例**
> ——勤労課の役割強化、技能専門の担当者が常駐——[16]
> 　事業所独自の取り組みとしては、2003年に「技能伝承チーム」

を勤労課内に発足させ、人事担当者による訓練ではなく、現場の言葉や実例で訓練する仕組みを整備した。このチームには、数名の職長を現場から引き抜いて任用したという。こうした土台作りをふまえて、技能伝承チームが教育係となる「研修生工場受け入れ研修」を配属後から7ヶ月間かけて実施するようにした。これは、同事業所の仕事を具体的に習得させ、職場の仕事を円滑に進めるための基礎訓練という位置づけにある。そのほか、「基礎教育」と「基礎教育PartⅡ」が実施されており、「人材育成検討委員会」の仕組みとともに技能の向上が計画的に進められている。

さらに、信頼できる人間関係の構築を進める目的で、委員会制度や専門担当者制度、仲介役の設置などを整備する会社もある。

仲介担当制度の導入事例
──事務局がコミュニケーションのサポートを担当──[17]

こうした（技能継承は職場ごとに対策が異なり、個々人においても目標が異なるなど）複雑な要素が絡む技能継承を効果的に推進するため、同事業所では「サクセス21」という独自の方法を企画・実践して、人員の育成や技能の継承を展開している。これは、ボトムアップ型の技能継承プランであり、OJTをより充実させたものだという。とくに重要なキーワードは、「見える化」である。つまり、誰の目にも明らかな仕組みをつくることであり、目標も成果も目に見える形で報告され、評価についても公平になるよう工夫された制度を作るのがねらいである。

このような取り組みにおいて目指されているのは、従業員間のコミュニケーションがどうしたら以前よりも「うまくいく」かであり、そのためには「マンツーマン指導体制」や、「簡単で日常的な実践の導入や採用（たとえばあいさつ、清掃など）」が取り組まれている。

> **日常的な実践の採用事例**
> **――事業所長が歩いて職場を巡回、声かけ、清掃の徹底――**[18]
>
> 　(従業員間の接点づくりの工夫とともに) もう一つの特徴は、工場長の巡回である。同事業所の工場長は、自身のデスクに座ったまま指示のみを出すタイプではなく、ヘルメットをかぶり作業着を着て、1日に数回、工場内を回っている。その際、従業員に積極的に声をかけ、職場の状況を自ら確認するという。こうした巡回は、役職者が職場を理解するばかりでなく、意見が通り雰囲気のよい職場づくりにつながり、従業員のやる気を大いに刺激して活気ある工場づくりに一役買っているとのことである。

　こうした実践例をみると、職場において必要なことは、「職場(上司と部下、従業員間)の(新しい)相補的な関係づくり」が重要であるという点に要約されるといえるだろう。これは、会社や職場の従来のやり方をそのまま用いつづけたり、ベテランの意見を優先的に採用しつづけたりすることではない。反対に、若手の感覚や意見のみを安易に取り入れる取り組みをいうわけでもない。ベテランも若手も、仕事という共通の基盤において、互いにその感覚を吸収し、仕事の中で統合させていく努力や仕組みが重要となる。

　たとえば、マイスター制度の導入など、人材教育・訓練に関する指導の仕組みづくりは、当該の会社・職場の従業員としての自覚、仕事への責任と満足度、自身の経験や成果の評価・承認、仕事における目標設定[19]とキャリア・イメージの確立という具合に、仕事を通じた幅の広いコミュニケーションと自己実現を可能にしている。つまり、学びあう制度によって、従業員全員が仕事に動機づけられていることになる。とくに若年層においては、入職初期の適切な仕事への動機づけが会社への定着につながる可能性が高い。そのために、ベテランの経験を、若手にとってわかりやすい言葉や態度で説明することが求められる。自分の若い

第3章　就業意識と職場コミュニケーション

頃はこうだったという発想ではなく、今現在の自分の仕事への取り組み姿勢や責任感、把握した感覚といったきわめて主観的な内容を、適切に表現する努力が必要となっている。これら取り組みの結果として、従業員の定着と職場パフォーマンスの向上が進むのではないかと考えられる。

処遇の改善と動機づけ事例
――**処遇の見直しによる技能者への動機づけ**――[20]

　技能継承の取り組みに伴う処遇面での対応について、2007年4月から新たに「匠手当」が導入される予定である。これは全社的な取り組みで、高い技能を有する技能者を「匠」として処遇することによって、優秀な人材の確保と後継者の育成のインセンティブをはかること、現場の技能者の技能向上意欲を促進させることをねらいとしている。支給対象者は各工場の判断で決められることになっており、X工場は技能マイスター（社内で高い技能を有すると判断された従業員が任命される地位）に匠手当を支給する予定である。

――**キャリアパスの整備で技能継承活動に意欲をもたせる**――[21]

　技能継承と人材育成に関する課題として、技能者のキャリアパスの整備がある。これまでの技能者のキャリアパスは管理職だけであったため、技能に秀でていてもマネジメント能力が秀でていなければ、社内での地位を高めることができなかった。今回、技能マイスターを導入したことによって、若手技能者の間に技能マイスターを目指す意欲がみられだした。若手技能者のキャリア目標を明確にするためにもキャリアパスの整備を行いたいと同工場は考えている。

マイスター制度などの認証方法の整備事例
――**マイスター制度の導入とマンツーマン指導体制**――[22]

　これらの技能（同社のコア技能など）を保有する39名の技能者

をマイスターとして認定し、1人につき1人以上の継承者をつけた。継承者は、まずマイスターが適任と思われる人物を推薦し、過去の人事考課をもとに課長が絞ったうえで、次にマイスター委員会がそれを承認するという形で選定された。20歳代から30歳代前半の若手技能者、合計57名であった。

作業方法の見直し（1人体制から複数作業体制へ）の事例
――コミュニケーションをいかに活発にするか――[23]

　技能継承の取り組みによって、それまでは1人で行っていた作業方法を見直して、ベテラン技能者と若手技能者を組ませて3人程度で作業を行わせるようにした。これにより仕事を通じたコミュニケーションが活発になった。また、「ホウレンソウ」に対する認識を徹底させるため、会議に参加させる人数を多くして、コミュニケーションをとるようにしている。

若手同士のコミュニケーション機会を提供する事例
――若手社員の視線で経営スタイルを柔軟に変更――[24]

　若年者とのコミュニケーションのとり方について、同社の社長は「（会社のやり方を）押しつけずに、若年世代に会社側が合わせないといけない。そのためには、ボトムアップで従業員の意見や不満を吸い上げることと、会社の情報をオープンにすることを励行して、従業員に夢を与えられる会社をつくることが大切だ」と語っている。

5．コミュニケーションを推進する職場にむけて

　結語にかえて、本章の主要な提案をまとめておこう。
　従業員に仕事の理解（自身の技能向上をも射程にいれた、仕事全般の

理解や意味づけ）や仕事への動機づけをうながし、職場を改善するにはどのような方法があるか。これには、技能継承などの取り組みを通じた職場改善を進め、職場において意図的にコミュニケーションを推進する方法がある。すでに説明してきたように、コミュニケーションを推進すると、ベテランは自身の経験を伝える必要が増す。若手も対話を通じて、やはり先輩や同僚のメッセージを受け取る必要が増す。こうしたことがきっかけとなり、職場の個々の従業員において、仕事に対する主体的な認識（職場や仕事への自覚）をうながすと考えられる。したがって、給料などのインセンティブ（誘因）作用とは異なるが、コミュニケーションが誘発する仕事への動機づけが期待できる。

　当然ながら、本章で解決策のモデルとしてきた「働きやすい職場の事例と提案」には、多分に、企業風土と関連した会社や職場の独自性・特異性が介在する。しかし、事例それぞれには共通項がある。これらから抽出される条件は、

　・「上司と部下それぞれがどのように歩みよるか」といった、職場の
　　適切な「バランス」の確立
　・従業員個々人の「役割の明確化（指導者、指導される人）」による、
　　的確な仕事への動機づけ

ではないかと考えられる。まずは、会話や仕事を通じたコミュニケーションの現状をいま一度見直し、これらを活用することで、従業員の誰もが「自分は職場に不可欠な存在」であることが確認される状況を作り出してみてはどうか。さらに、職場の改善を他人任せにせず、皆が主役であるという認識のもとに、ベテラン・中堅・若手の「バランス」のとれたコミュニケーション過程を作り出し、仕事への動機づけの仕組みを中小企業でも整備することができれば、従業員がいきいきと働くことができる会社・職場となるであろう。したがって、コミュニケーションの改善から見いだせる可能性は、中小企業には難しいとされてきた制度面における整備や拡充（たとえば、社内キャリアパスの整備や、中堅社員の

立場を確立して誰もが長く働くことができる職場づくりへの工夫)、あるいは、ベテランと若手を仲介して仕事を充実させ、技能継承も進める仕組みの整備などを今よりも発展させられる点にある。つまり、職場のコミュニケーション過程から考案を始めるのも、経営改善の一手といえるだろう。

<注>
1) この意見は「責任ある仕事を任される」の回答と同じように、とくに「9人以下」の事業所において多く見られ、やはり小規模事業所ならではの意見交換が従業員の仕事への動機づけに活用可能であることがわかる。また、売上が増加している企業でもこの意見が多く、やはり積極的な意見の採用が会社の業績につながっている可能性も否定できない。
2) この「話し合い」項目については、「現場監督者」の意見が多かった。
3) (財)雇用開発センター(2007)『大量定年時代の技能継承と人材育成ガイドブック』p. 54 より。
4) 前掲書 p. 46 より。
5) 同 pp. 35–37 より。
6) 同 p. 54 より。
7) 同 p. 59 より。ただし、カッコ内は筆者が補足した(以下同様)。
8) 同 p. 47 より。
9) 同 p. 49 より。
10) 同 p. 50 より。
11) 同 p. 50 より。
12) たとえば、説明・注意などの方法やその指導の場所について記載されたマニュアルがあれば、若手との接点づくりに悩んでいるベテラン従業員にとって指導がしやすくなると考えられる。
13) 前掲書 p. 41 より。
14) 同 p. 41 より。
15) 同 p. 53 より。
16) 同 p. 55 より。
17) 同 p. 55 より。
18) 同 p. 58 より。

19) 既述の、職場が要求する技能と若手が習得を希望する技能とを調整する事例は、この最適な説明となるだろう。
20) 前掲書 p. 56 より。
21) 同 p. 62 より。
22) 同 p. 57 より。
23) 同 p. 61 より。
24) 同 p. 54 より。

＜参考文献＞

アマーブル、ブルーノ（2003＝2005）『五つの資本主義』藤原書店
稲上毅・川喜多喬編（1999）『講座社会学6　労働』東京大学出版会
(財)雇用開発センター（2003）『中小製造業におけるものづくり人材の確保・育成に関する調査研究』
(財)雇用開発センター（2004）『中小製造業の雇用管理ガイドブック』
(財)雇用開発センター（2007）『大量定年時代の技能継承と人材育成ガイドブック』
山岸俊男（2002）『心でっかちな日本人―集団主義文化という幻想』日本経済新聞社

第4章

労使コミュニケーションと人材マネジメント
～従業員の働きがいの向上に向けて～

1. はじめに
　〜労使コミュニケーションの重要性を改めて認識する

　中小企業は企業規模が小さいゆえに、従業員一人ひとりの能力と働きぶりが企業の競争力に影響することが大きい。しかし、働く従業員の立場から考えると企業の中で自分がどのような役割を担っているのかが見えやすく、そのことが従業員の働きがいを高め、定着を促す要因につながることが期待される。これに比べると、大企業に働く多くの従業員は自分がやっている仕事が企業の中でどのような役割を担い、どのような影響を与えているのかを把握することが難しい。

　経営者の役割の１つに、自社の競争力を向上させ、市場における自社の優位性を確保するために、自社が目指す方向（経営目標）と、それを実行可能にする施策（事業戦略等）を考えることがある。しかし、その市場は絶えず厳しい競争状態にあることにくわえ、その環境は常に変化しているため、経営者は市場の変化を常に注視しつつ、経営目標や事業活動の方針等を考えるだけではなく、「わが社はどの方向を目指しているのか（経営目標）」、「そのために従業員一人ひとりが何をしなければならないのか（事業活動の方針）」を、従業員に「うまく」伝えることが求められる。いくら経営目標や事業活動の方針等を考えても、それを実行するのは企業で働く従業員一人ひとりであり、従業員がそれらを理解しておかないと、どの方向に進んで仕事をすればいいかわからなくなってしまうからである。

　さらに、経営者は従業員がどのような意見や考えを持っているかを把握することも必要である。というのも、従業員が企業や仕事に対して何らかの悩みや不満等を抱えていると、仕事への取り組み意欲が低くなってしまい、企業の競争力を低下させてしまいかねないからである。とりわけ、中小企業では従業員一人ひとりの能力と働きぶりが企業の競争力

第4章　労使コミュニケーションと人材マネジメント

を左右しやすいため、経営者は従業員の意見や考えを把握しておくことが求められる。

　一方、企業で働く従業員も単に与えられた仕事をこなすだけではなく、その仕事が持つ意味や重要性等を理解して取り組むことが求められる。とくに、中小企業に働く従業員は、従業員一人ひとりが企業にとって貴重な戦力であり、彼ら（彼女ら）の働きぶりと経営業績との結びつきが強いからである。そうなると従業員の責任や精神的な負担が大きくなることが予想されるが、その一方で、従業員一人ひとりが企業の中でどのような役割を担っているのかが見えやすく、それが働きがいの向上につながることが期待される。この働きがいをさらに高めるには、企業がどの方向を目指そうとしているのか、つまり経営者が何を考えているのかを従業員自身が理解することにくわえ、企業が目指そうとする方向に貢献するために、経営者に自分の意見や考えを「うまく」伝えることが求められる。

　こうした経営者と従業員が互いに自分の意見や考えを「うまく」伝え合い、意思疎通をはかることは、全社一丸となって厳しい市場競争に立ち向かう上で不可欠な取り組みの1つであろう。中小製造業では、こうした経営者と従業員との間のコミュニケーション（以下「労使コミュニケーション」）は、これまで職制・現場監督者を通じて行われていたのが一般的であった。というのも、中小製造業で働く従業員の多くは正社員であり、おおむね同じ考え・意識を持って仕事を行っていたため、日々、同じ職場で一緒に仕事を行う職制・現場監督者を通した労使コミュニケーションが効果的であったからである。例えば、仕事が終わった後によく行われていた「飲みニケーション」は、職場の従業員間のコミュニケーションをはかるだけではなく、現場の監督者が経営者の考え・意見を伝えたり、従業員の考え・意見等を聞いて経営者に伝えたりする機能を持っている。

　しかしながら、就業形態の多様化が進み、現場にはパート・アルバイ

115

ト、女性従業員等の多様な意識・考え・キャリアを持った従業員が増加しつつある。そうなると、これまでの同じ雇用形態で同じ意識・考え・キャリアを持つ従業員を前提に、職制・現場監督者を基本とした労使コミュニケーションでは、経営者と従業員が互いに意見・考えなどを「うまく」伝え合うことが難しくなりつつある。例えば、先に紹介した飲みニケーションへの参加状況を考えてみるとわかりやすい。若手社員やパート・アルバイト等の参加状況が悪いため、以前に比べ飲みニケーションが行われなくなり、経営者の考えや意見が従業員に、従業員の考え・意見が経営者にそれぞれ伝わりにくくなっている。

　そこで、本章では、多様な意識・考え・キャリアを持つ従業員と経営者が「うまく」伝え合う仕組み（人材マネジメント）を整備して、労使コミュニケーションに取り組むことが、従業員の働きがいの向上と定着の促進につながり、企業活動の円滑化に貢献することを考察する。

2．労使コミュニケーションの全体像とその現状

（1）　労使コミュニケーションの全体像を整理する

　まずはじめに、労使コミュニケーションの全体像を整理しておきたい[1]。労使コミュニケーションには、大きく人材マネジメントを通じたコミュニケーションと、現場監督者や職制を通じたコミュニケーション（職場内コミュニケーション）とがあり、後者の職場内のコミュニケーションは従業員が最も身近に感じ、職場の管理職を通じて会社の情報を知らされることが多い（図表4-1）。職場内コミュニケーションには、①毎日の朝礼や夕礼などの公式・非公式のミーティング、②職場懇談会、③小集団活動等があり、これらの情報交換活動は、しばしば非正社員の人たちも含めて行われている。職場では従業員が協力しあいながら生産活動が行われるため、ミーティングに参加することが多い。なお、この職場内コミュニケーションの状況については、第3章「就業意識と職場

第4章 労使コミュニケーションと人材マネジメント

図表4-1 労使コミュニケーションの枠組み

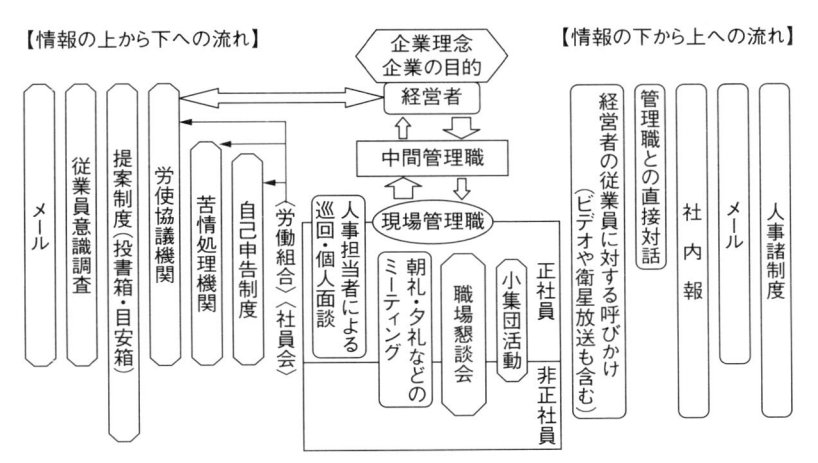

【情報の上から下への流れ】

- メール
- 従業員意識調査
- 提案制度（投書箱・目安箱）
- 労使協議機関
- 苦情処理機関
- 自己申告制度
- 〈労働組合〉〈社員会〉
- 人事担当者による巡回・個人面談
- 朝礼・夕礼などのミーティング
- 職場懇談会
- 小集団活動
- 正社員
- 非正社員

企業理念
企業の目的
↕
経営者
↓
中間管理職
↓
現場管理職

【情報の下から上への流れ】

- 経営者の従業員に対する呼びかけ（ビデオや衛星放送も含む）
- 管理職との直接対話
- 社内報
- メール
- 人事諸制度

出所：藤村博之（2006）「労使コミュニケーションの現状と課題」『日本労働研究雑誌』No.546、を一部修正。

コミュニケーション」で詳しい分析が行われているので、そちらを参照してもらいたい。

　一方、前者の人材マネジメントを通じたコミュニケーションは、情報の流れ方（発信者と受信者）によってさらに2つの部分にわかれる。1つは、経営者の考えを従業員に伝える部分、つまり情報の上から下への流れである。具体的には、①全社集会、ビデオ、社内放送などによる経営者から従業員への直接の訴えかけ、②管理職層との直接対話、③社内報などの印刷物による情報伝達、④社内のイントラネットなどを使ったメールによるメッセージ伝達などの方法である。これらは経営者と従業員が直接、コミュニケーションを図る方法であるが、この他にも人事諸制度も労使コミュニケーションの方法の1つとして考えられる。例えば、人事評価制度は企業が経営目標を達成するためにつくられている制度であり、従業員にどのような貢献を求めているかという経営者の考えを従業員に伝える制度と捉えることができる。

もう1つは、従業員の意見を経営者が吸い上げる部分、つまり情報の下から上へ流れる部分である。現場で起こっていることを直接経営の上層部に伝えるルートとして、いくつかの仕組みが用意されている。経営者に直接情報を伝えるという意味では、労使協議制、提案制度（投書箱、目安箱等）、メールなどがある。最近、社長に直接メールを出せるようにしている企業が少しずつ増えている。社長が全部のメールに目を通しているか否かは会社の事情によって異なるが、経営のトップに直接ものが言える仕組みは、良質なコミュニケーション実現のために一定の効果が期待できる。従業員意識調査は、一定の質問票に基づいているという制約があるが、従業員の考えを経営者に直接伝える手段として、上記3つに準じる手法としてとらえることができる。

　経営者をはじめとした上層部の人たちに従業員の意見を言えるルートとして、苦情処理機関と自己申告制度がある。苦情処理機関に上がってくる案件を見れば、従業員はどういうところに不満を持っているのか、職場で何が問題になっているのかを知ることができる。自己申告制度は、従業員の前向きな気持ちを知る手段になる。これら2つの他に、人事担当者による巡回・個人面談も従業員の気持ちを知るルートである。従業員が話す中に、職場の問題点の本質が隠されていたりするので、決しておろそかにしてはならない情報収集方法である。

（2）　中小製造業における労使コミュニケーションの現状を探る

　労使コミュニケーションをはかる方法は、先に紹介したように多様に用意されているが、これらは実際に企業においてどの程度、導入されているのだろうか。この点について厚生労働省『平成16年労使コミュニケーション調査』の結果を用いて明らかにしたい。

　まず調査対象全体の概況を確認してみると（図表4-2）、職場内コミュニケーションの「職場懇談会」（49.8％）と「人事担当者による巡回、個人面談」（45.6％）の実施率が高く、「社内報」（44.4％）、「提案制度」

第 4 章　労使コミュニケーションと人材マネジメント

図表 4-2　労使コミュニケーションの現状

(単位：％)

	仕組み（人材マネジメント）を通じたコミュニケーション						現場を通じたコミュニケーション（職場内コミュニケーション）	
	【情報の下から上への流れ】					【情報の上から下への流れ】		
	従業員意識調査	提案制度（投書箱・目安箱）	労使協議機関	苦情処理機関	自己申告制度	社内報	人事担当者による巡回、個人面談	職場懇談会	小集団活動
全体平均	21.1	43.4	37.3	23.2	41.2	44.4	45.6	49.8	30.9
〈産　業〉									
製 造 業	16.4	60.0	36.7	17.9	34.8	27.4	44.7	45.6	40.6
〈企業規模〉									
5,000 人以上	45.0	57.4	80.8	65.9	62.1	86.9	58.4	72.3	42.8
1,000～4,999 人	37.7	67.0	64.6	38.1	72.9	86.4	47.4	53.8	55.9
300～　999 人	22.0	50.8	47.0	27.6	49.8	67.3	41.0	52.9	35.2
100～　299 人	13.3	43.4	35.0	17.6	33.8	38.0	45.6	47.0	33.7
50～　 99 人	15.7	33.3	22.8	11.8	25.6	20.8	47.5	39.7	25.7
30～　 49 人	10.8	28.1	10.4	6.7	28.0	13.7	39.4	46.5	10.9
規模間格差指数	(34.2)	(29.3)	(70.4)	(59.2)	(34.1)	(73.2)	(19.0)	(25.8)	(31.9)

注1：図表中の数字は各項目について「ある」と回答した割合である。
注2：規模間格差指数＝「5,000人以上」－「30～49人」のポイント。
出所：厚生労働省『平成16年労使コミュニケーション調査』

(43.4％)、「自己申告制度」(41.2％) といった人材マネジメントがこれらに続いている。一方、「従業員意識調査」(21.1％)、「苦情処理機関」(23.2％) の実施率は2割台にとどまり、「労使協議機関」(37.3％)、「小集団活動」(30.9％) の実施率はこれらの中間に位置している。

ただ、この『労使コミュニケーション調査』では、本章の対象となる中小製造業の特徴を明らかにする分析ができない。そこで、業種別、企業規模別集計からその特徴を間接的にとらえることにする。第1に、業

種別分析から全体平均との比較で製造業の特徴をみると、「提案制度」「小集団活動」は高く、逆に「社内報」「自己申告制度」は低い。第2に、企業規模別にみると、中小企業の労使コミュニケーションの実施率は大企業に比べて総じて低い状況にある。そこで、規模間格差指数（算出方法は同図表の注を参照）をみると、とりわけ指数の値は「社内報」「労使協議機関」「苦情処理機関」で大きく、大企業に比べ中小企業におけるこれらの実施状況に大きな差がみられる。

　以上の分析から明らかになったことを整理すると、労使のコミュニケーションをはかるために多様な方法が整備されているものの、中小製造業に注目してみると、その実施率は低調な状況にある。従業員の働きがいを向上させ、企業活動を円滑に行うためにも、労使コミュニケーションをはかる環境が整備されることが望ましいが、まずそれらがどの程度機能しているのかを確認する必要があろう。いくら仕組みを整備しても、それが機能していないとなると整備した意味がない。そこで、次節で人材マネジメントに注目してこの点を検証することにする。

3. 人材マネジメントを通じた労使コミュニケーション

（1）　人材マネジメントの類型化

　人材マネジメントを通じた労使コミュニケーションが「どの程度機能しているか」を確認するときに注意しなければならないのは、まず「何のため」のコミュニケーションなのか（コミュニケーションの「目的」）を明らかにしておくことである。例えば、人材マネジメントの代表的な仕組みの1つである教育訓練制度は経営者が企業の持続的な成長のために、従業員にどのような能力を求めているのか（身につけてもらいたいか）を伝える仕組みである。本章では、この目的として「長期」「短期」「トラブル解決」の3つを取り上げる。

　人材マネジメントは企業の経営目標に沿って整備されている。この経

図表4-3　労使コミュニケーションからみた
人材マネジメントの類型化

目　的	主な人材マネジメント
長　期	・教育訓練制度 ・人事評価制度 ・資格制度
短　期	・人事評価結果の本人への開示
トラブル解決	・苦情処理制度 ・自由に発言できる環境づくり

出所：筆者作成

営目標には長期の目標と短期の目標があり、人材マネジメントも長期の目標と短期の目標に対応して整備されている。長期の労使コミュニケーションの例として、人事評価制度、教育訓練制度がある。これらは経営の長期目標（例えば、企業の継続的な成長）を実現するために、長期的な視点からどのような能力を求めているか（身につけてもらいたいか）、どのような点を評価するか、ということを従業員に伝える仕組みである。一方、短期の労使コミュニケーションの例として、人事評価結果の開示がある。これは経営の短期目標（例えば、売上増加・収益拡大）の達成にどれだけ貢献したかを従業員に伝える仕組みであり、従業員は自分の働きぶりが経営業績にどれだけ貢献しているかを実感できる。最後のトラブル解決を目的とする労使コミュニケーションについては、企業活動を遂行する上で日常発生するトラブルの解決は不可欠であり、苦情処理制度はその代表的な仕組みである。さらに、職場で意見や考えなどを自由に発言できる環境づくりも大きなトラブルに発展せず、早期に解決できることにつながる人材マネジメントの重要な1つである。

　以下では、このような目的にそって、第1に労使コミュニケーションがどの程度機能しているか（労使コミュニケーションが「うまく」とれているか）を、第2にコミュニケーションの当事者である経営側、従業員側双方の視点から確認する。

（2） 経営側からみた労使コミュニケーションの状況と従業員の意識
① 労使コミュニケーションの状況

　経営側からみた労使コミュニケーションについては、労働政策研究・研修機構が実施したアンケート調査結果から明らかにしたい[2]。同調査は労使コミュニケーションについて、経営側、従業員側双方の相手側への情報（意見・声等）の伝達状況を調査している。

　図表4-4をみると、「経営側に一般従業員の意見・声が伝わっている」（68.7％：「そう思う」9.8％＋「まあそう思う」58.9％）、「一般従業員に経営側の方針がよく伝わっている」（65.2％：「そう思う」11.8％＋「まあそう思う」53.4％）とも、肯定的な意見が半数以上にのぼっており、労使コミュニケーションが双方ともにうまくとられていると経営者が考えていることがわかる。

　良好なコミュニケーション状況を人材マネジメントの実施別にみると（図表4-5）、長期の目的である人事評価制度、短期の目的である人事評価結果の開示、トラブル解決を目的とする苦情処理制度のいずれも、実施企業で肯定意見の割合がおおむね高い。人材マネジメントの実践が、

図表4-4　労使コミュニケーションの状況

	そう思う	まあそう思う	あまりそう思わない	そう思わない	無回答
経営側に一般従業員の意見・声がよく伝わっている	9.8	58.9	25.1	3.7	2.5
一般従業員に経営側の方針がよく伝わっている	11.8	53.4	26.9	5.4	2.5

注：N＝2,017。なお、図表中の値はデータサンプルを「300人未満」に絞って再分析。
出所：労働政策研究・研修機構（2006）『中小企業における労使関係と労働条件決定システムの実態―ヒアリング調査報告―』

第 4 章　労使コミュニケーションと人材マネジメント

図表 4-5　人材マネジメントの実施別にみた労使コミュニケーションの状況

(単位：％)

			経営側に一般従業員の意見・声がよく伝わっている		一般従業員に経営側の方針がよく伝わっている	
			肯定意見	件数	肯定意見	件数
	全体		68.7	2017	65.2	2017
長期	人事評価制度	導入企業	70.0	667	71.5	657
		未導入企業	68.0	1350	62.1	1251
短期	人事評価結果の本人への開示	実施企業	74.7	470	74.7	462
		未実施企業	66.8	1547	62.4	1446
トラブル解決	苦情処理制度	導入企業	79.9	268	78.0	261
		未導入企業	67.0	1749	63.3	1647

注：「肯定意見」＝「そう思う」＋「まあそう思う」の合計値。なお、図表中の値はデータサンプルを「300人未満」に絞って再分析。
出所：労働政策研究・研修機構（2006）『中小企業における労使関係と労働条件決定システムの実態―ヒアリング調査報告―』

労使コミュニケーションが機能していることにつながっていることがうかがえる。

② 経営に対する従業員の意識

さらに、人材マネジメントを通した労使コミュニケーションの状況と経営に対する従業員の意識との間にどのような関係がみられているのだろうか。この点について**図表 4-6** をみると、「従業員は経営者に対して協力的である」ことに対して、8割以上（82.4%：「そう思う」26.9%＋「まあそう思う」55.5%）の経営者は肯定的な意見である。

こうした肯定意見の高さを人材マネジメントの実施別にみると、長期の目的である人事評価制度、短期の目的である人事評価結果の開示、トラブル解決を目的とする苦情処理制度のいずれも実施企業ほど大きくなり、労使コミュニケーションが取れていることが、経営に対する従業員の協力的な姿勢につながっていることがうかがえる。

図表 4-6 「従業員は経営に対して協力的である」ことに対する意見

(単位：％)

			そう思う	まあそう思う	あまりそう思わない	そう思わない	無回答	合計	肯定意見	否定意見
	全体		26.9	55.5	12.6	2.2	2.7	2017	82.4	14.9
長期	人事評価制度	実施企業	29.1	59.1	10.2	0.9	0.7	667	88.2	11.1
		未実施企業	25.9	53.8	13.9	2.9	3.6	1350	79.6	16.7
短期	人事評価結果の本人への開示	実施企業	32.3	56.2	9.6	1.1	0.9	470	88.5	10.6
		未実施企業	25.3	55.3	13.6	2.6	3.2	1547	80.6	16.2
トラブル解決	苦情処理制度	導入企業	34.7	54.1	8.2	1.1	1.9	268	88.8	9.3
		未導入企業	25.7	55.7	13.3	2.4	2.8	1749	81.5	15.7

注：肯定意見は「そう思う」と「まあそう思う」の、否定意見は「あまりそう思わない」と「そう思わない」の合計値。なお、図表中の値はデータサンプルを「300人未満」に絞って再分析。
出所：労働政策研究・研修機構（2006）『中小企業における労使関係と労働条件決定システムの実態―ヒアリング調査報告―』

(3) 従業員側からみた労使コミュニケーションの状況と意識の変化
① 労使コミュニケーションの状況を経営者のタイプから探る

　従業員側からみた労使コミュニケーションの状況については、（財）雇用開発センターが実施したアンケート調査結果から明らかにしたい[3]。同調査では経営者のタイプを設問しており、この点から労使コミュニケーションの状況を探ることにする。

　図表4-7をみると、経営者は「従業員の意見等をよく聞く」ことに対して肯定的な回答した割合は、全体の半数（50.2％：「そう思う」19.3％＋「まあそう思う」30.9％）にのぼる。「どちらともいえない」（31.7％）とする中間意見は3割強、否定的な意見（17.4％：「そう思わない」7.3％＋「あまりそう思わない」10.1％）は2割弱でこれに続いている。企業規模が小さいことで経営者との距離が近いと従業員は感じ、労使コミュニケーションがうまくとられていると考えていることがうかがえる。

第4章 労使コミュニケーションと人材マネジメント

図表4-7 コミュニケーションの状況（従業員の意見等をよく聞く）

（単位：％）

		そう思う	ややそう思う	どちらともいえない	あまりそう思わない	そう思わない	不明	合計	得点化
全体		19.3	30.9	31.7	10.1	7.3	0.7	605	3.45
長期	【教育研修に力を入れている】								
	肯定意見	31.7	35.2	21.6	7.0	4.4	0.0	227	3.83
	中間意見	14.8	31.0	40.9	8.9	3.9	0.5	203	3.44
	否定意見	8.9	25.4	34.9	16.0	14.8	0.0	169	2.98
短期	【成果や業績に応じて評価される】								
	肯定意見	30.5	36.2	26.4	3.3	3.7	0.0	246	3.87
	中間意見	17.5	33.9	37.0	9.0	2.1	0.5	189	3.56
	否定意見	5.5	20.2	33.7	22.1	18.4	0.0	163	2.72
トラブル解決	【職場で何でも話し合える】								
	肯定意見	28.7	36.8	23.1	6.9	4.4	0.3	321	3.79
	中間意見	8.5	30.1	47.2	9.7	4.5	0.0	176	3.28
	否定意見	8.9	14.9	32.7	21.8	21.8	0.0	101	2.67

注：得点化＝（「そう思う」×5点＋「ややそう思う」×4点＋「どちらともいえない」×3点＋「あまりそう思わない」×2点＋「そう思わない」×1点）／（件数－不明）。
出所：雇用開発センター（2004）『中小製造業の雇用管理ガイドブック』

　そこで、この結果を得点化した結果（算出方法は同図表の注を参照のこと）を人材マネジメントの状況別に詳しくみてみよう。図表4-7をみると、長期の目的である積極的な教育研修の実施、短期の目的である成果や業績に応じた評価、トラブル解決を目的とする職場の雰囲気（の良好さ）のいずれも肯定意見の者ほど値が大きくなっている。人材マネジメントを実践している企業では経営者が労使コミュニケーションに積極的であることがうかがえる。

② 従業員の仕事やキャリアに対する意識の変化

　さらに、人材マネジメントを通した労使コミュニケーションの状況と従業員の仕事やキャリアに対する意識との間にどのような関係がみられ

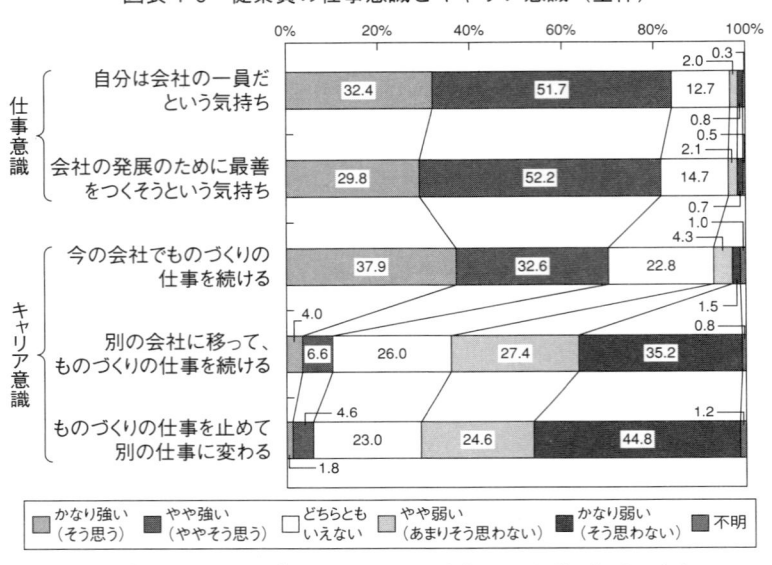

図表 4-8　従業員の仕事意識とキャリア意識（全体）

区分	項目	かなり強い(そう思う)	やや強い(ややそう思う)	どちらともいえない	やや弱い(あまりそう思わない)	かなり弱い(そう思わない)	不明
仕事意識	自分は会社の一員だという気持ち	32.4	51.7	12.7	2.0	0.3	0.8
仕事意識	会社の発展のために最善をつくそうという気持ち	29.8	52.2	14.7	2.1	0.5	0.7
キャリア意識	今の会社でものづくりの仕事を続ける	37.9	32.6	22.8	4.3	1.0	1.5
キャリア意識	別の会社に移って、ものづくりの仕事を続ける	6.6	26.0	27.4	35.2	4.0	0.8
キャリア意識	ものづくりの仕事を止めて別の仕事に変わる	1.8	23.0	24.6	44.8	4.6	1.2

注：N＝605。「かなり強い」…「かなり弱い」は仕事意識の選択肢、「そう思う」…「そう思わない」はキャリア意識の選択肢。
出所：雇用開発センター（2004）『中小製造業の雇用管理ガイドブック』

ているのだろうか。

　図表 4-8 をみると、まず仕事に対する意識の「自分は会社の一員だという気持ち」「会社の発展のため最善をつくそうという気持ち」に対して、肯定的な意見の回答がそれぞれ 8 割（同 84.1%：「かなり強い」32.4%＋「やや強い」51.7%、同 82.0%：「かなり強い」29.8%＋「やや強い」52.2%）にのぼっており、会社への一体感を持っている従業員が多いことがわかる。

　つぎにキャリア意識については、「今の会社でものづくりの仕事を続ける」ことに肯定的な意見が 7 割（70.5%：「そう思う」37.9%＋「ややそう思う」32.6%）を占めているのに対して、「別の会社に移ってものづくりの仕事を続ける」といった転職指向の意見や、「ものづくりの仕事を止めて別の仕事に変わる」といった仕事転向指向の意見はそれぞ

第 4 章　労使コミュニケーションと人材マネジメント

れ1割弱程度の少数意見にとどまっている（同10.6％：「そう思う」4.0％＋「ややそう思う」6.6％、同6.4％：「そう思う」1.8％＋「ややそう思う」4.6％）。今後とも今の会社でものづくりを続けていこうとする従業員が多いことがわかる。

そこで、この結果を得点化した結果（算出方法は図表4-9の注を参照のこと）を人材マネジメント別に詳しくみてみよう。図表4-9をみると、

図表 4-9　従業員の仕事意識とキャリア意識（得点化）

		仕事意識				キャリア意識					
		自分は会社の一員だという気持ち		会社の発展のために最善をつくそうという気持ち		今の会社でものづくりの仕事を続ける		別の会社に移って、ものづくりの仕事を続ける		ものづくりの仕事を止めて別の仕事に変わる	
		平均値	有効数	平均値	有効数	平均値	有効数	平均値	有効数	平均値	有効数
	全体	4.13	603	4.09	602	4.02	599	2.16	600	1.93	598
長期	【教育研修に力を入れている】										
	肯定意見	4.34	227	4.28	227	4.15	227	2.04	226	1.90	226
	中間意見	4.00	202	3.95	202	3.95	200	2.22	202	2.04	202
	否定意見	4.02	169	4.00	168	3.92	167	2.25	167	1.83	166
短期	【成果や業績に応じて評価される】										
	肯定意見	4.37	246	4.30	246	4.28	246	1.90	245	1.76	245
	中間意見	4.10	188	4.09	188	4.05	186	2.17	187	1.93	186
	否定意見	3.82	163	3.77	162	3.58	161	2.54	162	2.16	162
トラブル解決	【職場で何でも話し合える】										
	肯定意見	4.30	321	4.26	321	4.15	318	2.04	319	1.82	319
	中間意見	4.06	175	4.02	175	3.94	175	2.21	175	1.94	175
	否定意見	3.71	101	3.65	100	3.74	100	2.46	100	2.22	99

注：得点化＝（「かなり強い（そう思う）」×5点＋「やや強い（ややそう思う）」×4点＋「どちらとも言えない」×3点＋「やや弱い（あまりそう思わない）」×2点＋「かなり弱い（そう思わない）」×1点）／（件数－不明）
出所：雇用開発センター（2004）『中小製造業の雇用管理ガイドブック』

仕事意識である「自分は会社の一員だという気持ち」と「会社の発展のために最善をつくす気持ち」について、長期の目的である積極的な教育研修の実施、短期の目的である成果や業績に応じた評価、トラブル解決を目的とする職場の雰囲気（の良好さ）のいずれも、肯定意見の者ほど値が大きくなっている。

さらにキャリア意識については、「今の会社でものづくりの仕事を続ける」は、長期の目的である積極的な教育研修の実施、短期の目的である成果や業績に応じた評価、トラブル解決を目的とする職場の雰囲気（の良好さ）のいずれも肯定意見の者ほど値が大きくなっているのに対して、「別の会社に移って、ものづくりの仕事を続ける」「ものづくりの仕事を止めて別の仕事に変わる」は値が小さくなっている。

こうしてみると、人材マネジメントを実践していることが、会社への一体感やものづくりの仕事に対する意識を向上させることにつながっていることがうかがえる。

（4） 人材マネジメントに対する労使の意識のギャップ

以上の分析を通じて、経営者、従業員とも人材マネジメントを通じた労使コミュニケーションに対して肯定的な評価をしており、人材マネジメントを整備・拡充することが労使コミュニケーションの向上に貢献していることが確認された。そうなると、人材マネジメントを整備・拡充することが中小製造業に求められることになるが、ここで注意しなければならないのは、経営者が整備・拡充しようとする人材マネジメントと従業員が求めるものと一致しているかどうかである。一致していないままに人材マネジメントを整備・拡充すると、労使コミュニケーションがうまく機能しないことが考えられるからである。

この点について、先ほどの(財)雇用開発センターの調査結果によると（図表4-10）、従業員は今後最も力を入れてもらいたい取り組みとして、まずはじめに「能力や成果・業績の的確な評価を実施すること」

第4章　労使コミュニケーションと人材マネジメント

図表4-10　人材マネジメントに対する労使間の意識のギャップ

(%)

項目	個人調査	企業調査（取り組み実施済）
従業員の動機づけ、組織活性化、経営参加意識の向上に関する施策を実施すること	41.5	44.9
職場環境、作業環境の整備・改善（5S等の取り組み）をすること	44.3	71.4
昇進・昇給の基準や処遇制度を整備・充実させること	52.9	33
能力や成果・業績の的確な評価を実施すること	59.0	41.1
従業員の希望や適性を活かした配置やローテーションを実施すること	33.9	24.6
従業員の能力・経験・適性を活かせる仕事やキャリアを開発すること	31.6	16.5
能力開発、資格取得の機会を充実させること	42.0	46.4
従業員の意見や工夫、提案を活かした改善活動を実施すること	44.0	61.6
従業員の悩みや苦情について相談に応じる制度や機会を整備すること	25.3	15.2
現場のチームワークやコミュニケーションを向上・円滑化させること	53.1	44.9
現場の業務のシステム化や、効率よく仕事をできるような環境をつくること	40.0	47.5
現場における仕事の割り振りや役割分担を整備・改善すること	29.9	51.3
管理・監督職の指揮・管理のしかたを改善すること	35.4	34.4
QC、ZD等現場の小集団活動による業務改善を推進すること	13.1	43.8
人材の採用や選考方法を改善すること	24.8	23.2
賃金、諸手当、賞与等の引き上げや、報奨金制度を整備すること	48.3	23
労働時間の短縮、休日休暇の増加等、勤務時間や勤務形態を工夫すること	32.7	32.1
福利厚生を整備・充実させること	28.4	23
労使協議や、経営者と従業員代表との話し合いを行なうこと	18.7	39.5

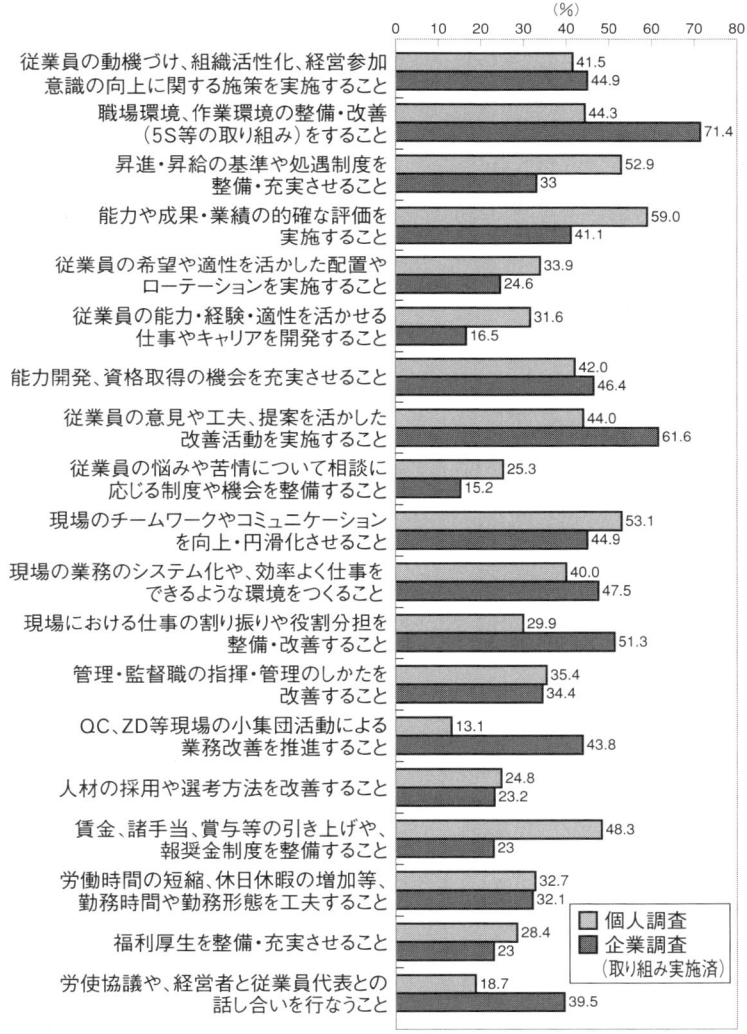

注：個人調査は複数回答の、企業調査は「すでに具体的な取り組みを実施している」の割合。
出所：雇用開発センター（2004）『中小製造業の雇用管理ガイドブック』

(59.0%)、「昇進・昇給の基準や処遇制度を整備・充実させること」(52.9%)、「賃金、諸手当、賞与等の引き上げや、報奨金制度を整備すること」(48.3%)といった人事処遇に関わる分野を挙げている。それを踏まえて、「現場のチームワークやコミュニケーションを向上・円滑化させること」(53.1%)、「職場環境、作業環境の整備・改善をすること」(44.3%)、「従業員の意見や工夫、提案を活かした改善活動を実施すること」(44.0%)といった現場のマネジメントに関わる分野の実施・改善の要望を挙げている。

こうした従業員の要望に対して、経営者はどのような取り組みを行っているのだろうか。引き続き同図表をみると、経営者が最優先に実践してきた取り組みは「職場環境、作業環境の整備・改善をすること」(71.4%)、「従業員の意見や工夫、提案を活かした改善活動を実施すること」(61.6%)、「現場における仕事の割り振りや役割分担を整備・改善すること」(51.3%)、「現場の業務のシステム化や効率よく仕事をできるような環境をつくること」(47.5%)、「現場のチームワークやコミュニケーションを向上・円滑化させること」(44.9%)、「QC、ZD等現場の小集団活動による業務改善を推進すること」(43.8%)といった現場のマネジメントに関わる分野である。それを踏まえて、「能力開発、資格取得の機会を充実させること」(46.4%)といった従業員の能力開発、「従業員の動機づけ、組織活性化、経営参加意識の向上に関する施策を実施すること」(44.9%)に取り組んでいる。

こうしてみると、人材マネジメントに対する経営者の取り組みと従業員の要望を比べると、両者の間にギャップが生じており、このギャップが改善されないままに人材マネジメントが整備・拡充されるとなると、労使コミュニケーションがうまく機能しないことが考えられる。こうしたギャップを埋めるには、経営者と従業員が直接顔を合わせてコミュニケーションをはかる機会や場を設けることが必要となる。とりわけ、労働組合の組織率が低い中小企業では、経営者と従業員との距離が近いと

はいえ従業員の率直な意見・考えが経営者に届きにくい状況にある。そうなると、経営者が積極的に従業員とのコミュニケーションをとることが求められる。こうしたなか、労使コミュニケーションに力を入れている企業では、従業員との直接対話を積極的に行うことによってお互いの考えや意見をうまく伝え合い、円滑な企業活動につなげている。そこで、これらの事例をつぎに詳しくみることにする。

4．直接対話を通じた労使コミュニケーションの実践

　ここで取り上げるケースは、経営者と従業員が直接対話を行っている企業である。直接対話を行う仕組みには多様なタイプが考えられ、その中からどのタイプを選択するかは企業によって異なる。それは直接対話をはかる方法が経営者の考え方などによって異なるからである。以下では、多様なタイプの中から「合宿形式による全員参加の経営計画策定」「一日集中方式の全体会議」「階層別の意見交換会を通じた労使コミュニケーション」の3タイプをみることにする。

（1）　合宿形式による全員参加の経営計画の策定～J社の取り組み[4]

　最初のケースは、液晶・半導体実装装置・システム機器および金属加工などの開発・製造・販売を手がけるJ社のケースである。同社の特徴は、全従業員が参加してアクションプランを作成すること、さらにアクションプランがPDCA（Plan–Do–Check–Action）サイクルで行われる点である。

　J社は、全員参加の経営計画の策定によって従業員との直接対話をはかる仕組みを1971年に開始した。開始当初は、現在のような従業員全員が経営計画の策定に参加するのではなく、社長（当時は取締役企画部長）が現場との話し合いを踏まえて、一人で経営計画書を作成していた。現在のように全員参加で本格的に作り始めたのは、1978年以降のこと

である。石油ショックの影響に対処するべく、経営の近代化を進めることがその背景にあった。また、全員参加といっても従業員一人ひとりの技術のバックグラウンドが異なるので、議論が錯綜して経営計画の策定が思うように進まなかった。そこで、社長は従業員全員が経営理念に沿って経営計画を策定することの必要性を痛感し、合宿形式の会議を開始したのである。

同社の経営計画・目標の策定の流れは、①社長の年頭方針（経営方針）の策定、②事業部方針の策定、③グループごとのアクションプランの策定の3段階からなる（**図表4-11**）。

第1段階の「年頭方針発表会」では例年、社長が新年に年頭方針を発表する。年頭方針は、同社の「経営理念と基本姿勢」「経済情勢」「今後の展望」の3つからなり、社長は、その年の経済情勢と各事業部が第3四半期の実態を分析した結果をもとに、部門別の重点課題や今後の展望を従業員に伝える。

第2段階の「事業部方針の策定」では、「年頭方針」に基づいて事業

図表4-11　J社の全員参加による経営計画策定の全体像

```
┌─────────────────────────────────────┐
│  ①社長の年頭方針（経営方針）の策定       │
│ 「経営理念と基本姿勢」「経済情勢」「今後の展望」│
│ の3つからなる年頭方針をもとに、部門別の重点課 │
│ 題や今後の展望を提示。                  │
└─────────────────────────────────────┘
              ↓
┌─────────────────────────────────────┐
│  ②事業部方針の策定                     │
│ 「年頭方針」に基づいて事業部ごとに全従業員が参 │
│ 加して事業部方針を策定。                │
└─────────────────────────────────────┘
              ↓
┌─────────────────────────────────────┐
│  ③グループごとのアクションプランの策定    │
│ 「年頭方針」「事業部方針」をもとにグループごとに│
│ 従業員がアクションプランや具体的方法を作成。ア │
│ クションプランはPDCAサイクルで取り組む。    │
└─────────────────────────────────────┘
```

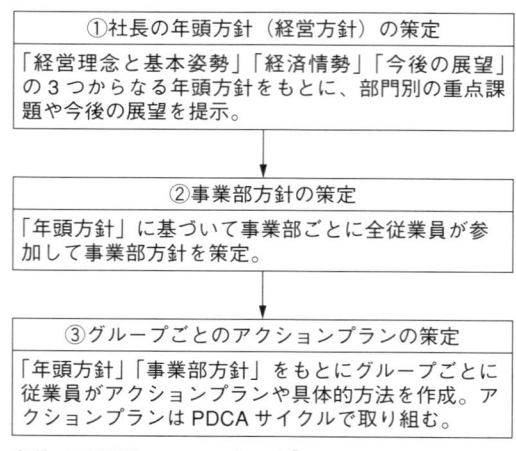

出所：雇用開発センター（2004）『中小製造業の雇用管理ガイドブック』を一部修正

部ごとに全従業員が参加して事業部方針の策定が行われる。

　第3段階の「グループごとのアクションプランの策定」では、「年頭方針」「事業部方針」をもとに現場の従業員が課題を抽出し、年度末の3月に全従業員が週末にホテルや研修施設に泊まり込んで集中的に議論を行い、各グループのアクションプランをまとめる。アクションプランはPDCAサイクルで行われ、各グループは毎月全員参加で総括し、その結果を各事業部長は社長以下、幹部が参加する会議で報告する。会議の結果は各グループにフィードバックされ、場合によってはアクションプランの修正が行われる。

　以上の一連の流れを経て、来期の「経営計画」が策定される。この経営計画は冊子にして、従業員全員に配布されている。同社はこうしたコミュニケーションによって、自社が進むべき方向を従業員と共有して円滑な企業活動を行っている。

（2）　一日集中方式の全体会議〜G社の取り組み[5]

　つぎに取り上げるケースは、実装電子基板自動分割装置の自社製品を開発している機械メーカーG社である。同社の特徴は、3月と9月の年に2回、1日朝から晩までを使い全社員が参加して経営計画を策定する全体会議が行われている点である。

　この会議では、トップダウン的に経営者が報告し、従業員がそれを確認する形をとるのではなく、従業員全員が会社全体、部門ごとの経営指標などの情報を共有しつつ、全社、部門、個人の課題と今後の方針を洗い出し、その後、経営の方針・計画、施策について討議が行われる。そのため、会議では全員参加型の議論と、7名程度の部門横断的に構成される小グループに分かれた議論が行われている。

　G社社長はこうした全体会議の状況について次のように話している。「議論することは、大まかにいうと、会社にとってどういうことが大きな意味でテーマなのか、半期をどういうふうに概括してみていくのか、

経営環境はどうか、それから、自分たちが取り組んできたことの中身、そして業績についてどうなっているか、というようなことです。具体的には例えば、いったい1時間当たりの稼ぎ高は幾らになっているかというようなことから、どういう機械がどのように売れているか、部門別にみると、それぞれどのような業績の特徴があるか、また受注しているものの傾向はどうなっているか、傾向を切り口として、技術的に見た場合はどうか、使われ方で見たときはどうかとか、……そういうデータの分析に基づきながら、当初立てた計画に対して、実績がどうなのか、それから、バランスシートはどのように変化しているのか議論していきます。そして、ここはどういう課題があるのか、どういう方針に持っていくのか、実際の計画にどう落とし込んでいくのか、予算化していくのか、詳しいデータを示していますので、それをもとに議論していくわけです。」同社はこうした議論を通して今の経営状態について従業員とのコミュニケーションをはかっている。

　こうした全員参加の全体会議では、経営計画の策定だけではなく、これまで人事諸制度についても話し合いが行われ、従業員の意見を反映した賃金制度、評価制度、福利厚生などが決められた。

（3）　階層別の意見交換会を通じた労使コミュニケーション～I社の取り組み[6]

　最後のケースとして取り上げる企業はソフトウェア会社I社である。前2社のケースは企業規模が100人未満（G社67名、J社40名）で、経営者が従業員一人ひとりの顔と名前を一致できる範囲の規模であり、全員が一堂に集まって話し合いをすることができる。しかしながら、企業規模が大きくなったり、事業所が複数で、さらに立地する場所が離れたりしている企業では全員が集まって話し合いをすることが難しくなることが考えられる。そこで、同社のケースは従業員をいくつかのグループにわけてコミュニケーションをとっている点にその特徴がみられる。

同社は2004年から社長と従業員全員が直接意見交換する場、「階層別社長懇談会」を毎年実施している。この懇談会は従業員を賃金等級の階層別にわけて、階層ごとに2時間程度の討論と会食による懇談を実施している。その目的は、①社長との直接的なコミュニケーションを通じた社員としてのアイデンティティの確認であり、さらに②日常の仕事の場では出しにくい社員の生の声を聴き、必要な場合には問題解決をはかることにより企業運営の円滑化を進めることである。さらに③階層ごとの社員同士による率直な意見交換を通じて横の連帯感を強化することも目的としている。

討論のテーマ設定や討論の進め方は社員自身が行い、社長と同席する総務部長は聞き役に徹して、発言していない社員に対しては、社長が質問するなどして発言を引き出すように心がけている。また、この懇談会から寄せられた意見、発言、問題提起などから、必要な検討を幹部社員に指示するなど、同社は適切な対応、改善措置をとっている。その例として、①入社1年目の社員の発言から新入社員一人ひとりに教育担当の社員1人の配置、②若手社員の意見から同期で情報交換を行える場の設置、③顧客企業で就業するプロジェクトメンバーの問題提起からリーダーや幹部職員が現場を回り意思疎通の実施、などの改善措置がこれまで講じられた。

この他に同社は、社長と課長以上との懇談会、社員同士のコミュニケーションを主眼とした年次別社員交流会、プロジェクトリーダーによるメンバーとの積極的な意思疎通など、経営者と従業員だけではなく、従業員同士、現場内におけるコミュニケーションを活発に行っている。

5. おわりに
　〜働きがいと企業競争力の向上に向けて

これまでみてきたように、就業形態の多様化が進み、生産現場に多様

な雇用形態の従業員が増え、経営者と従業員が互いに意見や考えなどを「うまく」伝え合うことが難しくなりつつあるなか、従来の職制・現場監督者を通じた労使コミュニケーションだけではなく、人材マネジメントを整備・拡充していることが労使コミュニケーションの円滑化に貢献していることが明らかになった。

　しかしながら、その一方で、経営者が考える取り組むべき人材マネジメントと従業員が要望する人材マネジメントとの間にはギャップがみられており、単に人材マネジメントを整備・拡充するだけでは、労使コミュニケーションを円滑にはかることにつながらない。この点に対し、労使コミュニケーションを積極的にはかっている企業は、従業員との直接対話を行い、ギャップを埋めることに取り組んでいる。経営情報などを従業員に伝え、「今、わが社はどのような状況にあるのか」を共有しつつ、厳しい市場競争を勝ち抜くために「わが社はどの方向を目指すか（経営目標、経営計画等）」を一緒に考えたり、その中で寄せられた従業員の要望・意見を拾い上げ人材マネジメントの整備・拡充につなげたりしている。こうした経営者と従業員が直接会って、互いに意見や考えなどを伝え合う直接対話が、経営に対する従業員の協力的な姿勢や会社への一体感や働きがいを高めることに貢献している。従業員一人ひとりが貴重な戦力である中小企業にとって、従業員との直接対話が従業員の会社への一体感や働きがいを高め、定着を促し、企業の競争力向上に貢献することが考えられる。

　このように人材マネジメントを通じた労使コミュニケーションが従業員の働きがいの向上につながるとなると、どのような人材マネジメントを企業に整備・拡充することが望ましいかが次の課題となる。この点については企業を取り巻く経営環境や経営者の考え・方針などによって異なろう。そこで、自社の経営理念、経営目標、事業活動の方針などを改めて確認して、例えば、第5章「働きがいの人事・処遇管理」で詳しく紹介されている人事処遇制度を参考にしつつ、従業員との直接対話を進

第4章　労使コミュニケーションと人材マネジメント

めて自社にあった最適な人材マネジメントを選択していくことが望まれる。

<注>

1) この枠組みは藤村博之（2006）「労使コミュニケーションの現状と課題」『日本労働研究雑誌』No.546、をもとにしている。
2) この『中小企業における労使コミュニケーションと労働条件決定』は、筆者も参加した労働政策研究・研修機構の企業調査に基づいて作成されている。調査は1000人未満の企業を対象に行われ、有効回答数は2,440票（有効回答率20.3％）である。調査内容は、①社長の考え方、②労働条件、③経営危機の際の対応、④労使コミュニケーション、⑤その他人事労務管理全般、から構成され、本章では、主にその中の④労使コミュニケーションに関わる調査結果を活用している。
3) この『中小製造業におけるものづくり人材の確保・育成に関する調査研究』は、筆者も参加した(財)雇用開発センターの企業調査に基づいて作成されている。調査は中小製造業を対象に行われ、有効回答数は488票（有効回答率14.0％）である。調査内容は、①対応すべき問題、経営課題の把握、②「生き残り」戦略のタイプ、方向性の把握、③人材を引きつける魅力づくり、雇用管理の工夫・改善、から構成され、本章では、主にその中の③人材を引きつける魅力づくり、雇用管理の工夫・改善に関わる調査結果を活用している。個人調査は中小製造業で働くものづくり現場の中核的な仕事に従事している従業員を対象に行われ、有効回答数は605票（有効回答率9.5％）である。調査内容は、①中小製造業で働く人の志向性の把握、②魅力ある企業・職場・仕事のイメージの把握、③改善すべき雇用管理課題の発見から構成され、本章では、主にその中の②魅力ある企業・職場・仕事のイメージの把握、③改善すべき雇用管理課題の発見、に関わる調査結果を活用している。
4) J社は1959（昭和34）年に先代の社長によって創業された、50年近い歴史をもつ企業である。同社の事業分野は、OA事務機器・通信分野・医療分野・アミューズメント分野の内外装品の精密板金の受注生産と、液晶・半導体実装装置の製造の大きく2分野からなり、2004年3月期の売上高は約20億円を予測している。従業員数は67名である。なお、ここで紹介する

ケースは 2003 年に調査したものであり、現時点のものではないことを予め断っておく。J 社の詳しい内容は、(財)雇用開発センター (2004)『中小製造業の雇用管理ガイドブック』を参照されたい。

5) G 社は 1975 (昭和 50) 年に創業した、機械メーカーである。同社は実装電子基板自動分割装置の自社製品を開発しており、2004 年度の売上高は約 13 億円である。従業員数は正社員 35 名、非正社員が 5 名である。なお、ここで紹介するケースは 2005 年に調査したものであり、現時点のものではないことを予め断っておく。G 社の詳しい内容は、労働政策研究・研修機構 (2006)『中小企業における労使関係と労働条件決定システムの実態―ヒアリング調査報告―』を参照されたい。

6) I 社は 1970 (昭和 45) 年に設立したソフトウェア会社である。同社の主な事業は、電気製品の中に組み込まれているソフトウェアで、2004 年度の売上高は 12 億 7,800 万円である。従業員数は 98 名 (男性 76 人、女性 22 人) で、全員正社員である。なお、ここで紹介するケースは 2005 年に調査したものであり、現時点のものではないことを予め断っておく。G 社の詳しい内容は、労働政策研究・研修機構 (2006)『中小企業における労使関係と労働条件決定システムの実態―ヒアリング調査報告―』を参照されたい。

＜参考文献＞

今野浩一郎・佐藤博樹 (2002)『人事管理入門』日本経済新聞社

(財)雇用開発センター (2003)『中小製造業におけるものづくり人材の確保・育成に関する調査研究』

(財)雇用開発センター (2004)『中小製造業の雇用管理ガイドブック』

藤村博之 (2006)「労使コミュニケーションの現状と課題」『日本労働研究雑誌』No. 546

労働政策研究・研修機構 (2006)『中小企業における労使関係と労働条件決定システムの実態―ヒアリング調査報告―』

渡辺幸男・小川正博・黒瀬直宏・向山雅夫 (2006)『新版 21 世紀中小企業論』有斐閣

第5章

働きがいの人事・処遇管理

1. 中小企業における人事・処遇管理の問題点と再構築の方向

(1) 人事・処遇システムと働きがい

　本章では、人事・処遇管理の考え方とその具体的なシステムについて、実務的な観点から提案する。本書のテーマは、「中小企業におけるものづくり人材の確保と定着」であるが、人事理念として何を重視し、処遇管理の基本的スタンスをどう取るかは、企業規模の大小に関係がないと考えている。ただ、中小企業なりの組織構造や仕事のやり方があり、人的資源に制約がある。人事理念を具体化する人事・処遇システムも、それに応じて構築する必要があることは確かである。

　また、ものづくり人材（ここでは生産職より広い概念で用いる。例えば、設計職、SE、デザイナーなども含める）に限定した人事・処遇システムというのも、ほとんど存在しない。全従業員共通のシステムに、ものづくり人材ならではの特殊性を加味しているのが実態であるし、それでよいと思う。

　ところで、人事・労務管理あるいは人的資源管理の目的は、経営資源であるヒト＝人材を最大限に活用して、最終的には企業業績の向上を実現することである。そのためには、人的資源自体つまり従業員自身のやる気、士気（モラール）が必須の条件になる。そして、人事・処遇システムの役割は、具体的な仕組み・制度を通じて従業員にインセンティブを提示し、動機付け、働きがいを付与することにより従業員のモラールをアップし、やる気を出してもらうことである。

　ただ、従業員を動機付け、働きがいを与え、やる気を高める唯一絶対の方策はない。そこで企業は、働きがいにつながる多様な制度、施策、仕組みを準備することになる。企業で導入されている人事・処遇制度は、従業員に働きがいを付与するための仕組みでもある。ここで、自社の人

事・処遇制度を"働きがいを付与するための仕組み"という観点から見直し、再構築することを提案したい。

（2） 中小企業における人事・処遇管理の問題点
① 人事・処遇の決定基準と仕組みが不明確

中小企業の人事・処遇管理の一番の問題点は、「決定基準と仕組みが不明確」だということである。どんな仕事を担当すれば高い賃金が得られるのか、どのような能力を高めれば昇格するのか、どのくらい成果をあげれば賞与が増えるのか、どんな能力・適性があれば昇進できるのか、といった基準・ターゲットとその仕組みが不明確なのだ。

また、せっかく決定基準を明確にした制度を導入しても、そのとおりに運用していないというケースも見かけられる。従業員側からすれば、処遇の決定要素、基準と仕組みが不明確なことは不安、不満の種になり、モチベーションは高まらず、やる気、モラールアップにつながらない。

② 決定基準と仕組みがオープンになっていない

もちろん中小企業の人事・処遇管理にも何らかの基準や仕組みはある。経営者なりの判断に基づいて仕事や能力、業績などの要素を配慮した上で、個人別の処遇を決定している。ただ、その時々の成り行きで決めるので一貫した基準がなく、あらかじめ決定基準や仕組みをオープンにできないのである。また、一定の基準や仕組みを持っていても、従業員には公開していない企業がある。公開すると返って不信感を持たれるような、雑な仕組みの場合もあるからだ。

決定基準と仕組みをオープンにしないと、やる気につながらないばかりか、逆に「会社が何とかしてくれるのだろう」と、従業員が依存体質になる傾向がある。人事・処遇システムの決定基準と仕組みをオープンにし、どうすれば処遇がよくなるのか、そのターゲットを明示することは、従業員のモチベーションを高めるために重要である。

（3） これからの人事・処遇の基準

これからは、中小企業といえども決定基準を明確にした人事・処遇制度を導入し、その内容をオープンにし、中小企業なりのやり方で適切に運用していくべきである。そして、その決定基準の基本原則を

> 「職務・能力主義＋成果・業績主義」

に置くことを提案したい。つまり、担当する仕事とその仕事ができる能力をベースに、成果・業績主義も加味した人事・処遇制度を導入するわけである。

この場合、一般社員層に関しては職務遂行能力（略して職能）要素をメインにした制度を設計し、管理職層に関しては職務要素と業績要素を中心に設計する。一般社員層でも営業職に対しては成果ないし業績要素を取り入れ、事務職に対しては職能要素を中心に適用する。また、月例賃金は職務・職能要素で設計するが、賞与は成果・業績要素を強める――といったように、対象となる従業員層や処遇の内容によって、各要素の組み合わせや強弱を変えることも必要になる。

人事・処遇制度の設計と運用で肝要なのは、年功か成果・業績か、能力か仕事か、といったアレかコレか式の選択ではなく、能力、業績、仕事などの人事・処遇要素のバランスを取ることである。また、理論に偏っても現実に埋没してもだめであり、「理論的整合性」と「具体的妥当性」のバランスを取ることが必要なのである。

2. 配置・異動、ジョブ・ローテーション

（1） 配置・異動の目的とこれからの運用

採用時の初任配置にはじまり、その後の配置転換、異動、ジョブ・ローテーション、いわゆる人事異動は、実質的に解雇が制限されているわが国の経営にとって、人的資源の活用で重要な機能を持っている。組織

の新設・変更や特定組織の要員充足を目的に実施されるだけでなく、適材適所による人材の活用や、マンネリ防止と労働意欲の向上による組織の活性化、それに人材の育成など多様な目的で実施されている。

　解雇が難しい反面、従業員の人事異動に関する経営側の裁量の範囲は、判例上も比較的広く認められている。したがって、人事異動は経営主導で実施するのが当然という認識があり、これまでは従業員の意向を反映させる余地は小さかった。確かに、配置・異動については組織ニーズの面が強く、従業員の希望だけで配置していては経営が成り立たない。しかし、"働きがいの人事"の視点からすると、従業員の希望を尊重し、意思をある程度は反映できる仕組み、運用がこれからは求められる。

　ところで、中小企業にとって人事異動は意味を持つのだろうか。中小企業では中途採用が主体で、退職者の補充として職種を特定して採用する。新卒を採用する場合も、採用後の配属部門はある程度想定されていて、労働者も職種や配属部門に納得して入社する。中小企業は事業所の数が少なく、1社1事業所も多く、部門や職種の数も限定されている。異動が無く、定年まで同じ職場で勤め上げるケースも少なくない。

　しかし、労働者が納得の上で配属された職場、職種と必ず能力・適性が合致するわけではない。途中から興味と適性が変わることもある。また、前述したような人事異動の多様な目的と効果からすると、中小企業でも工夫しながら最低限の人事異動は実施すべきである。例えばまず、タスク・ローテーション、担当替えを行うところから始めるのである。

（2）　従業員の意思を反映する配置・異動

　図表5-1は、従業員の意思を反映させる制度を中心とした、配置・異動に関連する人事施策の例である。このうち、①自己申告制度については項を改めて説明する。②社内ドラフト制度はプロ野球の制度を模したもので、配属される従業員の意思ではなく受入部署の意思を反映する制度であるが、導入している会社は少ない。

図表 5-1　配置・異動に関連する人事施策の例

```
①自己申告制度　②社内ドラフト制度　③社内人材公募制度
④社内 FA 制度　⑤社内求人・求職制度（社内ハローワーク）
⑥社内ベンチャー制度　⑦勤務地選択制度、勤務地限定制度
⑧出向　⑨CDP（職歴開発制度）
```

　③社内人材公募制度は、新規事業や新規プロジェクトの要員、既存部署の欠員補充、新設・空位役職に関して、社内向けに応募者を募る制度である。いわば社内求人制度で、通常の配置・異動を補う仕組みとして位置付けられている。一方、④社内 FA 制度もプロ野球に倣ったネーミングで、社内求職制度といえる。従業員側から自分の能力をアピールして、それに興味を示す部署からの申し出を待つ場合と、希望する部署、職種に直接自分を売り込む仕組みの場合がある。

　会社側からの人材公募制度と、従業員側からの社内 FA 制度を統合したのが、⑤社内求人・求職制度で、一部の大企業が実施している。いわば社内ハローワークだ。中小企業ではこのレベルまで必要ないが、公募制や FA 制は、従業員の意思表示のチャンスとして取り入れるべきだろう。中小企業だからといって、従業員の意思や希望、適性を会社が常に的確に把握できているとはいえないからである。

　⑥社内ベンチャー制度は、起業したいが各種経営資源が不足している従業員にとっては事業欲を満たしてくれる仕組みだし、企業側にとっても、斬新な事業のアイデアが従業員から提案されれば好都合である。事業としての成功が期待できる案件に、会社が資金、経営ノウハウ、情報、人材などに関してどれだけ支援できるかが成功のカギになる。

　⑦勤務地選択制度あるいは勤務地限定制度は、勤務地を従業員の意思で選択する制度である。中小企業でも遠隔地に複数の事業所がある場合は、導入を検討する余地はある。⑧出向は普通、中小企業が受け入れ側になる。しかし発想を転換し、業界団体や取引企業に依頼して在籍出向させ、自社では体験できない仕事を若いうちに経験させることも考えた

い。とくに、ものづくり人材を対象に制度として明示し、従業員から希望者を募るのである。

⑨CDP（Career Development Program＝職歴開発制度）は、従業員のキャリア目標、能力開発プランを織り込んだ長期的、総合的人材育成計画である。中小企業の場合、対象者を絞った上で、小規模で緩やかな、変化に柔軟に対応できる「変動CDP」を検討する余地はあろう。

（3） 自己申告制度の活用

中小企業の場合は、前項の各種制度（②～⑨）に代替するものとして、自己申告制度の導入と活用を提案したい。企業が従業員の意思を把握する手段として、自己申告制度自体はかなり以前から存在するが、中小企業の実施割合は少ない。もっとも、比較的導入割合が多い中堅以上の企業についても、自己申告制度はうまく運用されていない。その理由は、①設問項目が多すぎる、②自己申告の内容として相応しくないか答えづらい項目がある（例えば、性格や能力の自己評価）、③一方通行でフィードバックがない、④人事制度や能力開発と関連付けていない、などである。

自己申告制度の目的には様々なものがあるが、ここでは将来の進路設定つまりキャリアプランの作成に重点を置く仕組みを提案する。自己申告書に記入する主な項目は以下のような内容である。

①現在担当している職務に対する主観的な満足度、適合度、②キャリアプランつまり将来の希望分野、能力を発揮したい領域、将来専門としたい職種、③現在、実際に保有している専門能力、特技、資格、免許、④自分なりの能力開発プラン、自己啓発プラン、⑤分野・領域、職種、事業所、勤務地、異動時期などを内容とする配置・異動の希望、⑥家庭事情、健康状態、特殊事情など配置・異動に当たって会社に配慮してもらいたい事情（この項目は任意申告）。

自己申告制度を効果的に運用、継続するには、記入しやすい申告書の

設計以上に、会社側の取り組み姿勢、上司の対応が重要になる。具体的には、自己申告書を基に本人と上司が面談をし、部下の意見・主張をよく聞いてなるべく尊重するほか、上司は能力開発プラン、キャリアプラン、職歴形成計画に対して適切にアドバイスをする。さらに、会社・上司が、従業員・部下の申告事項に対して、その可否も含め何らかのレスポンス、フィードバックを必ず行うことが不可欠である。

3. 昇格・昇進管理

（1） 等級制度と昇格管理
① 社員等級制度の種類

人事・処遇管理を運用するためのベースとして、何らかの形態の「等級制度」を導入する。等級制度は従業員を格付け、評価、育成、処遇を行う基軸である。等級制度を中心に、評価制度、賃金制度、昇格・昇進・配置、能力開発制度など、各種の人事・処遇システムを有機的に相互連関するトータルシステムとして運用する。

図表5-2が等級制度の種類である。職能要素がベースつまり能力主義なら①職能等級制度（職能資格制度）、職務要素がベースの職務主義なら②職務等級制度、役割ベースは③役割等級制度、職務要素と職能要素の並存型は④職務・職能等級制度、各要素の混合型は⑤複合型（ハイブリッド型）等級制度となる。④と⑤は似ているが、⑤複合型は一つの等級制度の中に各種の要素を混在させたものである。

図表5-2　社員等級制度の種類

①職能等級制度（職能資格制度）＝職務遂行能力のレベルに応じた等級制度
②職務等級制度＝職務の大きさ、重要度、難易度に応じた等級制度
③役割等級制度＝役割（成果責任との関わりでみた組織上の使命、業務分担。緩やかな職務概念）の大きさに応じた等級制度
④職務・職能等級制度＝職務要素と職能要素の並存型等級制度
⑤複合型（ハイブリッド型）等級制度＝各要素の混合型等級制度

かつて最もポピュラーだったのが、一般的には職能資格制度と呼ばれる職能等級制度である。職能等級制度は単なる従業員の格付け制度ではなく、能力開発・活用主義に基づき、従業員の職務遂行能力の育成を促進する制度である。職務遂行能力と担当する仕事の関係が柔軟な点が特長だが、それが逆にあいまいで年功的な運用につながるという問題点がある。

一方、担当している仕事の大きさ、重要度、難易度で従業員の等級を決めるのが職務等級制度である。職務価値に応じた処遇が実現できるので合理的だが、中小企業では1人で広範な仕事を担当するケースが多く、担当職務自体で格付けるのは難しい場合もある。また、純粋型の職務等級制度では、能力が高まっても、上位の仕事に空きができるか仕事が新設されない限り昇級できない。したがって賃金も頭打ちで昇給しない。これが従業員のやる気、モラールを低める原因になることもある。

② **中小企業にふさわしい等級制度**

中小企業の場合、職務等級制度か職能等級制度か、といった議論は生産的でない。職務と職能の両要素を柔軟に組み込んだ方がよい。図表5-3は、中小企業向けに異種の要素を一つの等級体系にまとめた複合型等級制度の例である。中小企業にはこうした等級制度がふさわしい。名称も各要素中立的に、例えば「社員等級制度」とする。なお、実際に等級制度を設計するためには、このほかにも後述する等級基準・要件や昇格基準・要件など、決めなければならない事項はたくさんある。

等級制度を設計するにあたっては、自社の仕事と仕事に関連した能力を基準に、まず大きな従業員区分＝階層を設定する。図表5-3の場合は、基礎職層、指導・中堅職層、管理・専門職層の3区分である。階層ごとの「等級格付け基準」は同図表記述のとおり、基礎職層が職能等級的、指導・中間職層は職務・職能等級的であり、管理・専門職層は職務要素と業績要素による格付けである。

基礎職層は、新卒者や自社の仕事に関しては新卒に近い従業員を格付

図表 5-3　社員等級制度の枠組み（例）

階層	等級	業務レベル	標準的対応役職	等級格付け基準
管理・専門職層	(8級)	経営補佐業務	(統括部長)	担当する仕事、役職、役割の大きさ、重要度、困難度を基本に格付け、業績によっても格付けを変動する。
	7級	統括・調整業務	部長（副部長）	
	6級	企画・管理業務 専門業務	課長（マネジャー）専門課長	
指導・中堅職層	5級	監督・計画業務 専任業務	リーダー（係長）専任係長	該当する等級の課業、仕事を遂行する能力があり、かつ担当する仕事、業務の中心が、主として該当する等級の課業かどうかで格付ける。
	4級	指導業務	リーダー（主任）	
	3級	判断業務		
基礎職層	2級	熟練・判定業務		該当する等級の課業、仕事を遂行できるかどうかで格付ける。
	1級	定型業務		

ける導入・育成段階である。指導・中間職層は、一人前の職業人であり、職場の中堅として実務の中心となり、後輩を指導し、キャリアを積めば監督的仕事も任される。部門の牽引車としての役割が期待されているのが、管理・専門職層である。

　さらに各階層の中をいくつかの段階に区分する。基礎職層は新卒の学歴構成等も考慮して1～2級の2ランク、中間・指導職層は実務の中心となる従業員の大半が格付けられる職層なので3～5級の3ランク、管理・専門職層も役職段階を考慮して3ランクを設定した。企業によっては中間・指導職層も2ランクでよいケースがあるだろう。また、管理・専門職層は2ランクが基本だが、企業によっては3ランク必要な場合を想定して、括弧書きで8級も設定してある。

③　**等級基準、等級要件の作成―とくに、ものづくり人材を対象に**

　図表5-3では、等級別に担当する仕事が「業務レベル」として表現されている。ただ、これはあくまで等級をイメージするための抽象的表現であるから、もう少し詳しく等級別の仕事のレベルを表現した「社員等

級基準」が別途必要である。各等級でどの程度の仕事をどのくらいできなければならないかについて、最低限、全社共通（職種共通）の基準、要件を作成する。

　できれば職種別あるいは部門別に、仕事（この場合は課業）を洗い出して評価し、その結果を等級別に分類した「職種別（部門別）・等級別課業一覧表」を作成すると人事管理上いろいろと役に立つ。なお、「課業」とは、従業員１人が担当する「職務」を構成するまとまった仕事の単位をいい、一般的に１人の職務は３～７程度の課業で構成されている。

　ものづくり人材が該当する職種や部門に関しては、事務部門や営業部門より仕事の範囲が明確になるので、部門別一覧表をさらに整理、充実し「職種別等級要件書」を作成したい。職種と等級のマトリックスを作り、その職種と等級にできることが期待される仕事（課業）とそのレベル（＝習熟要件）、その職種と等級で身に付けるべき知識・技能とその習得手段（＝習得要件）を明示するのである（**図表 5-4** 参照）。

　例えば、生産職の５級なら、Ａの仕事をこの程度、Ｂの仕事はあの程度できなければならないし、そのために必要な知識はＣ、技能はＤで、習得手段はＥ、Ｆであると詳しく表示するのである。要件書の作成は、各職種の管理・監督職とベテランが中心になり、全員参加で推進する。なお、上位の管理・専門職にはこうした課業ベースの要件書はなじまないので、図表 5-4 は６級までになっている。

図表 5-4　職種別等級要件書のイメージ

等級	職　種（生産職、設計職、SE、デザイナー他）	
	習 熟 要 件	習 得 要 件
（6級〜1級）	各等級別に、できる仕事（課業）の内容とその程度・レベルを列挙する	①身に付けるべき知識・技能の内容とその程度・レベル ②および習得するための手段・方法を列挙する

④ 厳格な昇格運用

　現在の社員等級より上位の等級に格付けることを昇格という。社員等級制度の成否は、厳格な等級格付け基準・要件と昇格基準・要件を設定し、趣旨どおり運用するかどうかで決まる。昇格の基準・要件を明確にして、従業員に努力目標を明示し、チャレンジ意欲をかき立てるような仕組みを作る。具体的な昇格基準・要件としては、通常次のような項目が設定されている。

　①等級格付け基準の原則、②現等級在級年数（最短昇格年数）、③人事考課の結果、④上司推薦、⑤チャレンジ・自己申告、⑥所定の研修・教育の履修、⑦論文・レポート、⑧筆記試験、⑨面接。大きく分けると昇格審査の候補者要件と昇格の判定要件に区分されるが、この区分は相対的で個別企業の考え方によっても異なる。このうち①は、前述した階層別の等級格付け基準である。

　①〜③の要件を除き、上記の項目全部を取り入れる必要はない。自社の現状と将来のあるべき姿などを総合勘案して、重点志向で項目を選択すればよい。また、昇格段階のすべてにこれらの要件を設定するのではなく、重要な昇格の節目、節目で要件を加重することによって、メリハリを付けるようにする。例えば、2級（基礎職層）から3級（中堅・指導職層）、5級から6級（管理・専門職層）に昇格する段階に加重するのである。各項目をウェイト付けして点数化するのか、それとも総合的に判断して昇格を決定するのか、審査手続きをどうするかなど、細部の技術的な事項は省略する。

　なお、昇格だけでなく降格も制度化する。ただ、能力開発・育成主義の立場では、降格させること自体が目的ではない。降格の可能性が出てきたら事前に警告し、本人は職務遂行能力の向上に努力するし、会社も応援する。それでも改善が見られなかったら降格させるが、早期にリターンマッチの機会を与える仕組みも作っておく。

（2） 役職制度と昇進管理
① 役職の機能と効用

ここで役職とは、部長、課長、係長などの組織管理・監督職と、部下を持たない専門職、専任職を総称した用語である。上位の役職に就くことを昇進という（ただし筆者は昇進ではなく「役職任用」と呼んでいる）。等級と役職は分離して運用することが原則だが、まったく無関係ではなく、前掲図表5-3では社員等級に標準的に対応する役職が例示されている。ただ、3級でリーダー、5級で課長もあり得る運用とする。

組織があり、その組織が階層構造を持っていれば役職、とくにライン管理職は不可欠である。また、組織を人事・総務、経理・財務、製造、物流、販売などの機能の体系と捉えれば、各部門を総括・管理する管理職が必要になる。管理範囲の原則があるから、管理職には階層が作られ、単位組織ごとに職責と成果責任が配分される。部長には部長の権限と責任、課長にも課長の権限と責任が割り振られる。

以上のような組織の論理に基づく役職者の役割と機能のほかに、従業員からすれば役職にはまた違った意味がある。個人にとっての役職は、能力を大いに発揮でき収入も増える地位を獲得することであると同時に、ステイタス欲求を満たすものである。企業の名前でステイタス欲求を充足できない中小企業の従業員には、とくに肩書きの持つ意味は軽くない。

それで、営業課を営業1課と営業2課に分けて課長を増やし、2課は課長だけで部下はゼロというケースも出てくる。副部長、次長、課長代理といった中間職制は、組織をフラット化する過程で廃止すべきだが、小さな組織の中小企業の方が、逆に中間職制は多かったりする。前述した社員等級制度を持たず、従業員の格付けとしては役職制度しかない中小企業が多いこともあるが、等級自体ではステイタス欲求を満たせないからである。営業をはじめ社外との取引などで一定の肩書が必要なことも否定できない。役職、肩書きの効用を考えると、中小企業の場合、とくに対外的に用いる役職表示については柔軟に取り扱ってもよいだろう。

② 昇進（役職任用）の基準・要件

　ここで検討するのは、上記のような処遇としての役職ではなく、純粋な組織管理者としての管理職の昇進（役職任用）基準・要件である（専門職、専任職については後述）。中堅・大企業では図表5-5のような昇進基準・要件が設けられることが多い。大企業の場合は役職候補者も多いから、厳しい選抜基準が必要である。しかし、すでに昇格にあたって厳格な基準・要件を設けて運用している上に、ここまでの要件を設定する必要があるのか、中小企業の場合は疑問である。また、昇格要件と重複する項目もある。昇進はあくまで企業ニーズで行うのであるから、会社側のフリーハンドで決めてよい、という意見もあるが、公正性と納得性の面からいうと、必要最小限度の要件は決めておくべきだろう。

　その際、図表5-5の①前提条件は、処遇目的の管理職を作らないために必要である。②対応等級はもっと柔軟でよい。③キャリア要件は中小企業では実務経験年数要件に絞る。④実績要件は人事考課の結果を中心に判定する。⑤能力要件と⑥適性要件は、管理職としての能力・適性の

図表5-5　昇進（役職任用）基準・要件の例

項　目	内　　容
①前提条件	部長職、課長職など役職に欠員が生じたとき、または役職が新設されたとき
②対応等級	各役職が対応する等級かそれ以上の社員等級に格付けられていること
③キャリア要件	複数の部門、職種・職務、事業所の経験、あるいは担当分野の一定年数以上の実務経験
④実績要件	担当業務、担当部門の成果や実績で、業績考課の結果で代える場合がある
⑤能力要件	当該役職者としての能力の保有度で、能力考課より広く評価する
⑥適性要件	役職者としての適性評価であり、商品化されているマネジメント適性検査を用いることが多い
＜その他＞	⑦上司推薦・判定、⑧面接審査、役員に対するプレゼンテーション、⑨多面観察・評価、⑩事前研修履修、⑪論文審査、⑫ポストチャレンジ制（従業員からのチャレンジ）

判定で必須要件である。⑩事前研修履修と⑪論文審査は、昇格要件とダブれば省略する。⑦上司推薦・判定、⑧面接審査・プレゼンテーション、⑫ポストチャレンジ制は各企業のポリシーに応じて選択する。

　昇格要件同様、これらの項目全部をすべての管理職昇進・任用に用いる必要はない。結論的にいえば、やはり昇進・任用は組織ニーズが前提になるので、管理職ポストに欠員が生じあるいは新設された場合に、候補者の中から管理者適性のある者を優先順位で決めればよいのである。「管理者適性」の中には、狭義の適性のほか、管理職としての能力、担当職務・担当組織であげた成果、実績も含まれている。なお、2～3年間の実績を見て管理職としての適性がなければ、降職や役職交替を行う仕組みにしておく。

（3）　ものづくり人材と専門職制度
①　高度専門能力保有者の活用と処遇

　前述したとおり、役職の中には管理職のほかに専門職、専任職が含まれる。組織管理の責任は負わず、保有する専門能力の発揮に重点を置く役職である。このうち「専門職」は、研究・企画・開発担当者で、科学的で体系的な専門知識・技術の保有者であり、原則として部下を持たずにその専門能力の発揮で組織に貢献する人材である。創造性に富むスペシャリストのイメージである。

　一方、「専任職」は、豊かな経験と実績に裏付けられた特定分野の専門家であり、やはり部下を持たずに高度な業務遂行能力で組織に貢献する人材である。いわゆるその道のエキスパートのイメージである。以上のように概念的には専門職と専任職は区別されるのだが、企業実務では専任職を専門職と呼んだり、専門職と専任職を区別せず専門職と称するケースが少なくない。いずれにしろ、専門職制度は高度な専門能力を保有する人材、つまり専門職と専任職を活用し、処遇することを目的に導入されている。

② ものづくり人材の専門職制度

これからの企業経営には高度な専門能力保有者が必要とされるのであり、中小企業も例外ではない。中小企業では、ものづくり人材に焦点を絞って専門職制度を導入することを提案したい。かつてある食品メーカーで、筆記試験に弱いお菓子作りの名人を、その技能だけで「課長」に任命していたが、むしろ専門職制度で活用、処遇すべきケースである。

導入に当たっては、わが社に専門職・専任職を配置する具体的職種・職務が存在するかどうか、専門職・専任職に該当する人材がいる部門、職種、職務があるか、全社的に洗い出す。ここでは、対象職種・職務を絞った上で（生産職、設計職、SE、デザイナーなど）、先の分類によると専任職に近い人材が多いものの、制度の名称は専門職制度としたケースを考えよう。

等級制度と関連させて、専門職にも**図表 5-6** のようなランクを設定する。呼称は専門部長（課長、係長、主任）とした。各専門職ランクのイメージは同図のとおりだが、実際には役割や職務の具体的内容、求められる人材の要件、能力の内容（知識、資格など）について、詳細な基準・要件を作成する必要がある。また、賃金をはじめ権限の付与など、専門職に対する魅力付けの方策も必要だが、ここでは省略する。

専門職の審査手続きは別に定めるが、専門職に関しても昇進があるほか、2〜3年に一度は再審査して任用を継続するか否か判定する。専門職としての能力と実績がないと判断されれば、降職、交替、配置換えの必要性を検討する。専門職から管理職に転換することも当然あるし、そ

図表 5-6　専門職のランク（例）

等　級	専門職ランク	呼　称	専門能力のイメージ
7級	Ⅰ	専門部長	社外でも一流
6級	Ⅱ	専門課長	社内でトップクラス
5級	Ⅲ	専門係長	社内で一流
4級	Ⅳ	専門主任	社内の熟練者

の逆のケースもある。場合によっては、管理職と専門職を兼務できることにしてもよい。

（4）　ものづくり人材とマイスター制度

　専門職制度と少し似ている制度として、主として製造職対象に「マイスター制度」を導入している企業がある。ドイツのマイスター制度の名称とイメージを借りたものである。ドイツでは伝統的な手工業や工業の職種のほかに、ホワイトカラー職種についてもマイスター試験がある。また、ドイツのマイスターは手工業会議所、商工会議所など外部機関が試験を実施するが、わが国のマイスターは個別企業あるいはそのグループが認定する社内資格、社内称号である。

　マイスター制度導入の目的は、社内の技術・技能の底上げと、技術・技能の伝承にあり、マイスターに後継者の指導を義務付ける会社もある。そのために、マイスター認定者の処遇を何らかの形で優遇している。ものづくりに従事する従業員にとっては、キャリアモデル、キャリア目標になる。名称もマイスターに限らず、「会社の名工」「名匠」「マスター」「鉄人」「工師」などを用いている例がある。

　企業が導入しているマイスター制度は、大きく分けると「現代の名工」に匹敵するようなスーパーマイスターだけを認定するものと、ものづくり人材を段階的に育成するために、マイスターにランクを設けるシステムとがある。どちらの仕組みにするかは個別企業のポリシーだが、スーパーマイスターに限定すると、当初にめぼしい人材が認定された後は、しばらく認定者が途絶える傾向にある。

　ここでは、生産職や職人に限定せず、広い意味のものづくり人材を対象に、育成の意味も込めて3段階のランクを設定したマイスター制度の導入を提案したい。前項の専門職制度のように社員等級制度と連動させる方法もあるが、図表5-7では社員等級制度を適用せず、等級制度とは別の処遇体系を想定している。マイスターの人材要件と役割を明確にす

図表5-7　マイスター制度のランク

ランク名称	イメージ
スペシャルマイスター	当該分野では会社の顔となる人材
シニアマイスター	社外に誇れるものづくり人材
マイスター	社内で一流のものづくり人材

るのはもちろん、マイスター手当の支給など、賃金でも優遇する。

　マイスター認定の基準としてランクごとに厳格な要件を設定するが、初級マイスターに関して各種技能士の取得を絶対条件にするなど、各級マイスターの認定には社外の公的資格を活用する。マイスターの審査、認定は社内に設置するマイスター認定委員会が行う。マイスターの認定期間は2～3年で、再審査によって継続するか認定を取り消すか、あるいは上級のマイスターに認定するか決定する。

4. 賃金・報酬制度

（1）　賃金・報酬の持つ意味
①　相対的な動機付け要因

　賃金については「給与」と呼ぶ会社も多いが、ここでは労働基準法どおり賃金とする。報酬は労働・労務提供に対する金銭あるいは物による対価で、賃金より広い概念である。このうち、本節では主として賃金に関して検討する。

　賃金・報酬は、第一義的に経営にとってはコストであり、労働者にとっては生計の糧である。しかし、両者にとって労働の対価以上の意味がある。経営側からすると、従業員の動機付け（モチベーション）の材料、誘因（インセンティブ）であり、やる気（モラール）を高める源泉である。労働者にとっては、自己の職業能力評価の具体的表現であり、働く目的の重要な要素である。

　賃金は動機付けの要因にはならず、衛生要因（それが無いか、あるい

は低いと職務不満足感が強まるが、あるから、あるいは高いからといって職務満足にはつながらない要因）だとする説がある。この説によると、賃金・報酬は低いと不満が出るが、高いからといって動機付けにはつながらないことになる。しかし、筆者は賃金・報酬は動機付けの一要因になると考えている。従業員は、①賃金・報酬、②昇進、③仕事で認められること、④仕事の達成感などいろいろな欲求を持っている。それらの各要素は、程度の差こそあれ仕事への動機付けに関係する。賃金・報酬も動機付けの要因になると考えた方が、われわれの感覚には合っている。

しかし、従業員個々人によって賃金・報酬の持つ価値には強弱があり、動機付け要因としての優先順位に違いがある。また、同一の従業員でも、ライフサイクルの時期、組織における地位、配属部署（営業部門か否かなど）によって賃金・報酬の動機付け要因としての強さ、順位は違ってくる。その意味で、他の動機付け要因も同様だが、賃金・報酬が人を動機付け、働きがいを与えるといっても、きわめて「相対的」である。

② 基準と仕組みの明確化

賃金・報酬は、動機付け要因としてはきわめて不安定で、不満の原因である「衛生要因」にいつでも変わる。従業員の士気に影響する賃金・報酬の一つの要素は、賃金・報酬の高さ、賃金水準、個人別の収入の程度である。しかし、水準と並んでいやそれ以上に、インセンティブとなり動機付けに影響するのは、賃金・報酬の決め方、仕組みである。決め方・仕組みつまり賃金体系、賃金・報酬制度には、経営者から従業員に対する多様なメッセージが表現されている。合理的で納得性があり、しかも動機付け、働きがいにつながる仕組みが望まれる。

（2） これからの賃金の基本的枠組み

① 賃金の決定要素

賃金の主要な決定要素は、①仕事要素（職務、役割、職種）、②能力要素（職務遂行能力）、③業績要素（成果、業績、成績）、④生計費要素、

⑤年功要素(勤続年数)の5種類である。これらのうちのどの要素を選択するかが賃金設計の出発点である。決定要素をはっきりさせた賃金体系、つまり要素別決定給が賃金の正しいあり方だ。

ところが、中小企業の場合、上記の賃金決定要素全体を総合的に勘案して賃金を決める「総合決定給」を採っている会社が圧倒的に多い。したがって、生計費の水準で賃金が決まっているのか、仕事ができる能力の高さで決まっているのか、担当する仕事の難しさで決まるのか、仕事をした結果としての成果・業績で決まっているのかがあいまいで、基準が判然としない。第1節でも指摘したように、目指すべき目標、ターゲットがはっきりしなくては、従業員のやる気、モラールは高まらない。

② 賃金体系と賃金制度

賃金体系とは「賃金の構成項目とその決定基準の体系」のことである。具体的には、

① 賃金の決定要素のうちどの要素を選択し、どう組み合わせるか
② 各要素を基本給や諸手当のどのような賃金項目に反映させるか
③ それぞれの賃金項目の決定基準や決定方法をどのようにするか
④ 職種、職務、能力、熟練度による賃金格差をどう付けるか

という賃金決定システムのことである。なお、月例賃金体系をベースにした、賞与制度、退職金制度も含む賃金の管理・運営システムの全体を総称して、賃金制度と呼ぶ。

③ これからの基本的な賃金構成

図表5-8が、「職務・能力主義+成果・業績主義」に基づくこれからの基本的な賃金構成のイメージである。月例賃金は職務・職能給を中心に基本給を設計し、賞与は会社や個人の業績を十分に反映させた業績賞与を主体に設計する。管理・専門職層や特定の職種の基本給には業績給

図表5-8 これからの基本的な賃金構成

●賃　金　＝　月例賃金(職務・職能給+α)　＋　業績賞与
　　　　　　　{α＝仕事給 or 生活給 or 業績給}

を並存させ、一定の職種、階層の社員層については純粋な仕事給をとり入れる場合があるし、一般・中堅職層の社員に関しては、生活給を存続させるケースがある。社員層の違いに応じて、仕事、能力、業績など各要素のウェイト、バランスをどう取っていくかが課題になる。なお、管理・専門職層に関しては、年俸制の導入も検討する。

(3) 月例賃金の設計
① 基本給の種類と選択

月例賃金の体系は基本給と諸手当から構成されるが、本項ではまず基本給を検討する。図表5-9が基本給の種類である。仕事要素に基づく「職務給」「役割給」「職種給」、能力要素をベースとする「職能給」、業績要素の「業績給」、生計費要素の「生活給(年齢給)」、年功要素の「年功給(勤続給)」などがある。

ただ、中小企業にとっては、職務給かそれとも職能給がよいかなどという議論は、職務等級か職能等級かという議論と同様、あまり生産的ではない。等級制度で検討した複合型の「社員等級制度」を前提にすると、基本給は職務給と職能給を合わせたような性格になる。職務要素と職能要素を持った基本給なので、あえていえば「職務・職能給」となる。図表5-8でも職務・職能給と表示している。もっとも、本来の職能給は「担当する仕事とその仕事ができる能力に応じた賃金」なので、職務・

図表5-9 基本給の種類

```
①職務給＝担当している仕事で決める賃金
②役割給＝組織における役割で決める賃金
③職種給＝職種とその職種に関する能力、熟練度で決める賃金
④職階給＝就いているポスト、役職で決める賃金
⑤職能給＝職務遂行能力のレベルで決める賃金
⑥業績給＝成果、業績の程度に応じて決める賃金
⑦生活給＝生計費の程度によって決める賃金
⑧年功給＝勤続年数中心に決める賃金
⑨総合決定給＝各種の要素を総合勘案して決める賃金
```

職能給を略して単に職能給といってもよい。

② 一般・中堅層の基本給構成

賃金の決定要素と賃金体系の選択に絶対的なものはなく、各企業のポリシーで決めればよい。企業風土・文化に合致し、従業員のインセンティブとモチベーションにつながり、外部環境の変化にも対応でき、ひいては企業業績向上に役立てばよいのである。

職務・職能給１本の基本給のほか、並存型の基本給構成も考えられる。図表5-10は、一般・中堅層（図表5-3の基礎職層から指導・中堅職層）の基本給の構成例である。基本給を職務・職能給（職能給）だけで構成するケース①のほかに、職務・職能給と基礎給（年齢給）で構成するケース②も提示した。基礎給を設定する理由は、これまで年齢や勤続を重視して賃金を決めてきた会社では、新賃金制度への移行がスムーズに行えなかったり、急激な変化に社員が順応できないことがあるからだ。

職務・職能給は、社員等級別定額の単一給（シングルレート）ではなく、等級別に下限賃金から上限賃金までの幅がある範囲給（レンジレート）にする。同一等級内でも、実績を出し、能力を高めれば昇給がある仕組みにした方が、従業員にとってインセンティブ、動機付けになるからである。ただし、等級別賃金であるから必ず上限を設け、青天井にはしないことである。定期昇給（定昇）を構成する同一等級内の考課昇給（習熟昇給という）のウェイトを小さくし、上位等級へ昇格した場合の昇格昇給は大きく設定することも必要である。

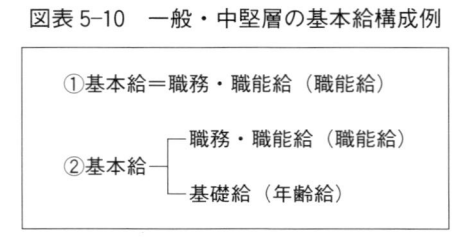

設計の詳細は省略するが、図表5-11は並存型基本給体系を採用した

図表5-10　一般・中堅層の基本給構成例

```
①基本給＝職務・職能給（職能給）

②基本給 ┬ 職務・職能給（職能給）
        └ 基礎給（年齢給）
```

場合の職務・職能給表の例である。昇給考課の結果により、例えば評価ランクS＝10号俸、A＝7号俸、B＝5号俸、C＝2号俸、D＝0号俸、と昇給する。この評価と昇給号俸数の関係は、各社なりの方針で決めればよい。号俸ピッチとは1号俸あたりの昇給金額であり、括弧内の金額は、同一等級でも一定号俸以降はピッチが小さくなることを示している。

上位等級へ昇格しなければ上限賃金でストップだが、昇格した場合は

図表5-11　一般・中堅層の職務・職能給表（例）

※金額は例示（単位：円）

	1級	2級	3級	4級	5級
昇格昇給	—	6,000	8,000	9,000	13,000
号俸ピッチ	400	420 (220)	480 (240)	540 (280)	620 (320)
号俸 1	128,000	150,000	164,300	180,500	204,300
2	128,400	150,420	164,780	181,040	204,920
3	128,800	150,840	165,260	181,580	205,540
4	129,200	151,260	165,740	182,120	206,160
5	129,600	151,680	166,220	182,660	206,780
6	130,000	152,100	166,700	183,200	207,400
7	130,400	152,520	167,180	183,740	208,020
8	130,800	152,940	167,660	184,280	208,640
9	131,200	153,360	168,140	184,820	209,260
10	131,600	153,780	168,620	185,360	209,880
11	132,000	154,200	169,100	185,900	210,500
12	132,400	154,620	169,580	186,440	211,120
13	132,800	155,040	170,060	186,980	211,740
14	133,200	155,460	170,540	187,520	212,360
15	133,600	155,880	171,020	188,060	212,980
16	134,000	156,300	171,500	188,600	213,600
17	134,400	156,720	171,980	189,140	214,220
18	134,800	157,140	172,460	189,680	214,840
19	135,200	157,560	172,940	190,220	215,460
20	135,600	157,980	173,420	190,760	216,080
21	136,000	158,400	173,900	191,300	216,700
	※以下省略				
上限賃金	144,000	168,100	184,700	209,100	237,100

図表 5-12　一般・中堅層の基礎給表（例）

※金額は例示

年齢	金額	ピッチ	年齢	金額	ピッチ
歳	円	円	歳	円	円
18	42,000		31	63,200	1,200
19	44,000	2,000	32	64,400	1,200
20	46,000	2,000	33	65,600	1,200
21	48,000	2,000	34	66,800	1,200
22	50,000	2,000	35	68,000	1,200
23	51,500	1,500	36	69,200	1,200
24	53,000	1,500	37	70,400	1,200
25	54,500	1,500	38	71,600	1,200
26	56,000	1,500	39	72,800	1,200
27	57,500	1,500	40	74,000	1,200
28	59,000	1,500	41歳以上	74,000	0
29	60,500	1,500			
30	62,000	1,500			

昇格昇給欄の金額をプラスして、上位等級の号俸に位置付ける。例えば、2級の20号俸「157,980円」だった甲野さんが3級に昇格する場合は、昇格昇給額「8,000円」をプラスした「165,980円」の直近上位金額である3級5号俸の「166,220円」になる。

図表5-12は並存型基本給の基礎給表の例である。年齢基準の賃金で自動昇給だが、41歳以上は同額である。基礎給を何歳で昇給ストップするかも企業の方針である。等級号俸に応じた上記の職務・職能給と年齢に応じた基礎給を合計すると基本給の金額になる。30歳（62,000円）で4級15号俸（188,060円）の乙田さんの基本給は「250,060円」になる。

③　管理・専門職の賃金構成

図表5-13が管理・専門職の賃金構成例である。職務・職能給だけで月例賃金の基本給を構成するケース①、職務・職能給と業績給の並存型であるケース②、基本年俸と業績年俸で構成する年俸制のケース③の3例が示してある。一般・中堅層と異なり基礎給（年齢給）は適用しない。

図表 5-13　管理・専門職の賃金構成例

```
①月例賃金の基本給＝職務・職能給（職能給）
②月例賃金の基本給＝職務・職能給（職能給）＋業績給
③年俸制＝基本年俸＋業績年俸
```

図表 5-14　管理・専門職の基本給例（職務・職能給）

（単位：円）

等　級	6 級	7 級	8 級
昇格昇給額	20,000	25,000	30,000
下限賃金	310,000	352,500	406,500
改定単位	～ 700 ～	～ 800 ～	～ 800 ～
上限賃金	345,000	392,500	446,500

「業績給」は、業績考課などを反映して 3 ヵ月～1 年単位でアップまたはダウンさせる賃金である。年俸制の場合、基本年俸を 12 等分したものを月例賃金として支給し、業績年俸が賞与に相当する。

図表 5-14 は、基本給を職務・職能給で構成する場合の賃金改定表である。一般・中堅層と異なり、号俸表の形は取っていない。各等級別に下限賃金と上限賃金の間を評価に応じてアップ、ダウンする仕組みである。例えば、6 級で評価が S ランクなら「700 円×10＝7,000 円」昇給、A なら「700 円×7＝4,900 円」昇給、B は「700 円×4＝2,800 円」昇給、C は昇給なし、D は「700 円×2＝1,400 円」ダウンと運用する。昇給だけでなく減給もあるので、同図表には昇給単位ではなく「改定単位」と表示している。なお、一般・中堅層同様、上位等級へ昇格した場合には昇格昇給額が加算される。

④　諸手当の考え方と整理

基本給だけでは吸収できない「特定条件・要素の小刻みな変化を受け止める可変的な賃金項目」が諸手当である。この場合の特定条件・要素

としては、①生計費の個人差、②特殊な能力（例えば、特定資格・免許の有無）、③仕事のつらさ・難しさ、④職場環境、⑤労働市場要因（採用の困難度）などに関するものがあげられる。つまり、諸手当は「基本給ではカバーできない特定条件に該当し、一定の支給条件を満たす従業員にだけ支給される賃金」なのである。したがって、条件がなくなれば支給は当然中止される。

諸手当は、「職務関連手当」「生活関連手当」「その他の手当」に大きく区分できる。このうち「職務関連手当」は、仕事や職場環境、能力や労働市場要因といった面で基本給を補完する役割を持っている。主なものに、①役職手当（管理職手当、専門職手当、専任職手当）、②営業・外勤手当、③特殊勤務手当、特殊作業手当、④特殊職種手当、特殊職務手当などがある。職務関連手当のうち、ものづくり人材に直接的に関係するのは、特殊勤務・作業手当、特殊職種・職務手当であろう。

生計費格差を補てんする「生活関連手当」としては、⑤家族手当、⑥地域手当（都市手当、寒冷地手当）、⑦単身赴任手当、⑧住宅手当、⑨食事手当などがあげられる。「その他の手当」は、⑩通勤手当、⑪出向手当、⑫資格・免許手当、⑬精皆勤手当、⑭業績手当などである。このうちものづくり人材に直接的に関係するのは、資格・免許手当である。

賃金体系上、核となるのは基本給であり、諸手当はあくまで副次的な位置付けである。したがって、不要な手当は設けない方がよいが、手当が全くないことがよい賃金体系だとは必ずしもいえない。一般論としては、賃金体系を改定する機会に諸手当を見直し、自社にとって真に必要な手当を残しあるいは設定し、必要のない手当や単に惰性で支給し続けている手当は廃止して、諸手当を再編することになる。ただ、必要な手当か不要な手当かは、経営環境の変化、就業構造の変化、社会資本の充実度などに応じて変わってくるし、個別企業の事情もある。例えば、食事手当や精皆勤手当は廃止すべき手当の代表だが、企業によっては諸般の事情から存続させているところもある。

（4） 成果・業績賃金と賞与

① 成果・業績賃金とは

　本項では、「職務・能力」と並ぶ今日的な人事・処遇基準である「成果・業績」の賃金への反映について検討する。なお、ここでは成果と業績をとくに区別しないし、成果・業績の概念に関しても厳密な定義はせず、「経営活動、業務遂行活動を通じて産出した経済的成果、業績」と広く、緩やかな捉え方をしておく。数値的あるいは量的業績に限定せず、定性的業績など、企業業績に対する広い意味の相対的貢献度も含めて考える。

　要するに、わが社で「成果」「業績」とは何を指すのか、自社なりの指標を決めればよいのである。売上高なのか利益なのか、顧客満足度なのか、仕事の出来映えなのか等々、その会社なりに明確にして従業員をはじめ組織の構成員がそれを共有する。成果・業績主義とは、こうした成果や業績つまり短期的な結果と、その結果に至るプロセスを重視する考え方であり、それに基づく賃金制度が成果・業績賃金である。

② 成果・業績賃金導入の積極的意義

　現在、各企業が導入している成果・業績賃金の目的は、①企業、部門、個人の成果・業績と賃金・報酬を直接的に関連付ける、②成果・業績を短期的に賃金・報酬へ反映させる、③賃金・人件費を変動費化する、④業績に応じた処遇（賃金）格差の拡大＝インセンティブの強化、といったことに集約できる。しかし、単なる賃金の変動費化、格差付けではなく、成果・業績賃金を「成果・業績配分システム」（使用者と従業員が協働して産出した成果・業績を一定のルールで配分する参画システム）と捉え、積極的意味を持たせるべきである。

　短期的な成果、業績を重視する成果・業績賃金には、周知のとおり色々なデメリットがある。しかし、これからの企業経営では、業績と処遇をより直接的かつタイムリーに関連させる成果・業績賃金を設計し、運用する必要性を否定できない。反映させる賃金の範囲、成果・業績の

把握単位など、その会社なりに可能な方法を工夫することになる。デメリットについても、例えば、仕事の結果＝成果・業績だけでなく、その源泉としての能力とプロセスも重視する仕組みを作ることなど、対応策は様々に考えられる。

いずれにしろ、納得性ある評価制度の確立と運用がカギになる。従業員側も評価が納得できるものであれば、仕事や業績の格差を処遇に反映することを受け入れる方向にある。「動機付けにつながる納得性のある仕組みの構築」を前提に、適切な評価制度を設計して公平な評価で運営するなら、成果・業績賃金は今日的に意味のある処遇システムである。

③ 賞与の役割と機能

成果・業績を反映する賃金にはいろいろある。月例賃金の場合、基本給部分では業績給、歩合給、出来高給といった形態を取り、基本給以外では業績手当、報奨金の形を取ることもある。賞与は最もなじみのある成果・業績賃金であろう。年俸制も成果・業績賃金の典型である。報奨制度は、個人やグループの顕著な成果・業績に狭義の賃金とは異なる方法で報い、処遇するシステムである。ものづくり人材が会社に多大な貢献をする実績をあげた場合、特別賞与を支給するほか、報奨制度によって処遇する方法もある。

ここでは、成果・業績を反映する賃金として従業員にとって最も身近な、夏季・年末の賞与について考えてみる。従業員全体に適用可能で、しかも成果・業績賃金としてのノウハウの蓄積も多いので、どの会社でも運用しやすいからである。どちらかといえば安定が求められる月例賃金よりは、半年ごとにリセットする賞与の方が個人業績をシビアに反映させやすいといえよう。

賞与は本来、企業や従業員の業績を反映する賃金のはずだが、実態は次のように色々な役割、性格、機能を持っている。①社会的慣行、②月例賃金の後払い、③月々の生計費の赤字補てん、④成果配分、⑤功労報奨、⑥企業業績と月例賃金の調整。①〜③を集約したのが「生計費補て

ん機能」、④〜⑥を集約したのが「業績反映機能」である。

業績反映機能が賞与の本来の機能だが、次第に固定的な性格を強め、生計費を補てんするための一時金という認識の方が強くなってしまった。当然支給されるものだと、労働者の生活の中にビルトインされている。現在、大企業や特定業種では年間4〜6ヵ月、中小・中堅企業でも年間3〜4ヵ月の賞与が支給されており、年間賃金に占める割合は20〜30％に達する。

④　賞与の業績反映機能の強化

経営側にとっても、賞与は月例賃金とはまた違った意味を持っている。中・長期的な企業業績、個人業績は主として月例賃金の基本給で受け止めるが、1年以内の短期的なその都度の業績を反映するのは賞与がメインになる。生活の糧となる月々の賃金はある程度安定的に支給し、一方で企業業績や個人成績を反映する賃金として賞与を位置付けているのである。今日、成果・業績主義へのシフトに伴い、賞与の業績反映機能の重要性が増している。企業事例でも、賞与が本来持っている短期の業績を反映する機能をより強め、個人業績に応じた格差を拡大する動きが目立っている。

⑤　賞与の個人配分

概念的には、図表5-15のように、賞与の機能のうち生計費補てん機能に対応する部分を「一律支給部分、保証部分、固定部分」、業績機能に対応する部分は「業績賞与部分、変動部分」として構成できる。一律支給部分は、業績に関係なくあらかじめ支給月数が〇ヵ月と決められていて、個人の業績も加味せず一律に基礎給（基本給）スライドで支給する部分である。業績賞与部分は、支給算式自体は明示されているが、企業業績に応じて、さらに部門業績や個人業績を反映して、毎期の支給月

図表5-15　賞与の構成

賞　与　＝　一律支給部分　＋　業績賞与部分
　　　　　　（保証部分、固定部分）　　（変動部分）

図表 5-16　賞与の個人配分算式

> ①個人別賞与＝（基礎給×一律支給月数）＋（基礎給×査定分月数×評価係数）
> ②個人別賞与＝基礎給×支給月数×評価係数
> ③個人別賞与＝（基礎給×一律支給月数）＋（等級別・評価別点数×1点単価）

数、支給額が変動する部分で、いわゆる考課査定分である。

　賞与の個人配分算式は企業によって実に多様である。それでも、個人配分に査定部分を取り入れる算式は、細かな部分を無視すれば**図表 5-16**に示した3種類に集約される（勤怠係数は省略）。なお、算定基礎給は一般的に「基本給」または「基本給＋役職手当」が妥当であるが、実質的な基本給を職能資格手当などとして分離している場合は、「基本給部分」を基礎給にする。

　三つの式の大きな違いは、①式と③式が、一律支給部分（保証部分）と査定部分（個人業績部分）を明確に区分しているのに対して、②式は支給月数全体に評価係数を掛ける仕組みになっている点である。また、①式と③式の違いは、①式の査定部分が基礎給リンク方式なのに対して、③式は賃金と切り離した等級別・評価別点数表に基づく「1点単価方式」ということである。

　企業業績の程度にもよるが、中小企業では基本給比で年間2ヵ月（夏季、年末各1ヵ月）を査定のない保証部分として支給した上で、年間2ヵ月を超える賞与を支給できる場合に、その分について個人別の成果・業績を反映するべきである。個人配分の算式は、図表 5-15 の考え方からいえば①式が妥当だろうが、簡便なので中小企業の多くが採用している算式は図表 5-16 の②式である。結果的に年間で最低2ヵ月分が保証されれば、②式でもよいだろう。

（5）退職金制度の見直し
① 退職金の役割、機能と現状の問題点

賃金論的にみた退職金の役割、機能は、

① 企業に対する在職中の何らかの功労、貢献を基準に退職金額を算定し
② 退職後とくに定年退職後の生計費の一部を補てんする

ことにある。このように、退職金は功労報奨と生活保障の二つの側面を持っているが、これからは功労報奨の方にウェイトがかかっていく。また、功労報奨についても、単なる勤続貢献ではなく、能力貢献要素、業績貢献要素を重視していくべきである。

現在、多くの企業で用いられている典型的な退職金の算式は、図表5-17に示すものである。算定基礎給は退職時賃金、多くは基本給（あるいは基本給×70～80％）で、賃金と連動している。毎年の賃上げは即反映されるし、基本給が年功的であれば退職金もその影響を直接受ける。支給率は勤続年数に応じて増加し、支給率の増加幅は長勤続ほど累進的に大きくなる。以上のように、月例賃金とリンク（したがって賃上げと連動）する点、長期勤続を重視する支給率を用いる点が特徴であり、それが問題点、改革点でもある。

図表5-17　これまでの一般的な退職金の算式

● 退職金＝算定基礎給×勤続年数別支給率×退職事由別係数＋功労等各種加算

② 中小企業の退職金のあり方

中小企業、とくに小零細企業では退職金制度のないところもある。もし新たに退職金制度を設けようとするなら、前項で説明した一般的な退職金制度の導入は避けた方がよい。（独）勤労者退職金共済機構が所管する「中小企業退職金共済制度」（中退共）に加入することを勧めたい。

適格年金制度を導入していた企業は、同制度が2012年3月31日まで

に廃止されるので、単に解約するのではなく上記の中退共に移換した方が従業員にとって有利である。確定拠出型年金（いわゆる日本版401k）を導入する中小企業もあるが、この年金制度はまだ過渡期にあり、いまのところあまり使い勝手はよくない。また、大企業を中心に退職金の前払い制度を実施しているところもあるが、中小企業で前払い制度を導入しても、従業員を引きつけるほど目立った賃金の上積みはできない。退職金制度が現在もある企業なら、当面は現状の制度を合理的な仕組みに改定するのが先決である。

　退職一時金制度を存続させて改定するなら、改定の方向は「月例賃金、賃上げとの分離」「職務・能力要素と業績要素の重視」である。この観点からいま最も妥当性のある制度がポイント方式、ポイント制の退職金である。ポイント制退職金とは、例えば、社員等級別の等級ポイントと勤続年数別の勤続ポイントを毎年加算し、退職時の累積持ち点に1点単価を掛けて退職金を算出する方式である。企業が実際に導入しているポイント制退職金は多様だが、最もオーソドックスなのは図表5-18の算式のような、等級ポイントと勤続ポイントの併存型である。

図表5-18　ポイント制退職金の算式と加算ポイントの例

● 退職金＝（累積等級ポイント×1点単価＋累積勤続ポイント×1点単価）×退職事由別係数

※1点単価：導入時は等級ポイント、勤続ポイントとも1万円。

①等級ポイントの例

等級	1年当たり加算ポイント
1級	7
2級	10
3級	15
4級	20
5級	25
6級	35
7級	40
8級	45

②勤続ポイントの例

勤続階層	1年当たり加算ポイント
勤続	
1年以上5年未満	3
5年以上10年未満	5
10年以上15年未満	8
15年以上20年未満	10
20年以上30年未満	15
30年以上35年未満	10
勤続35年以上	0

この際、退職金もトータルな生涯賃金（経営から見れば総人件費）の一部として再認識した上で、見直しを図るべきである。退職金水準自体は自社の現状の水準より増額すべきでない。退職金を増やす原資があるなら、月例賃金、賞与を充実すべきだというのが筆者の主張である。

5. 福利厚生

（1） 福利厚生の意義と目的

福利厚生（企業福祉ともいう）は、「賃金・労働条件などの中核的労働条件以外の方法による従業員の処遇制度、副次的労働条件」であり、とくに大企業では、衣・食・住から健康維持、レクリエーション、融資まで実に広範囲で多様な福利厚生施策が実施されている。福利厚生制度は、日常的な生活の援助により従業員の経済生活を安定させることによって、当該企業に所属する安心感が生れ、企業帰属意識が醸成されることを目的にしている。その結果として定着率が高まり、モラールがアップするほか、労働力が維持培養され労働能力が高まることが期待されている。働く意欲と能力が向上することによって生産性が上がり、企業業績が向上することも間接的にねらっている。

しかし今日、福利厚生は本当に従業員に働きがい、やりがいを与えてモラールをアップし、間接的にでも企業業績に好影響を与えることができるのだろうか。全体的に豊かになった時代に、はたして従来のように多岐にわたる福利厚生制度を従業員に提供する必要があるか、趣味やレクリエーションの領域に企業が関与すべきか、という疑問である。

（2） 福利厚生の分類

福利厚生を費用の面からみると、①法定福利費と②法定外福利費とに分類される。法定福利費は、健康保険、厚生年金保険、雇用保険、労災保険などの保険料の会社負担部分である。企業を経営している以上法的

に強制され、忌避はできない費用である。企業がコントロールできるのは法定外福利費である。狭義の福利厚生は法定外福利であるが、これには規模格差が大きく、中小企業が劣っていることは周知のとおりである。

　筆者の分類法によると、福利厚生には①「使用者責任に基づく福利厚生」、②「パターナリズムに基づく福利厚生」の2種類がある。使用者責任による福利厚生には、法定福利費の使用者負担分のほか、例えば健康維持・増進対策、労災上積補償、私傷病補償、自己啓発援助、母性健康管理、育児・介護援助、セカンドキャリア支援などが含まれる。

　パターナリズムは温情主義と訳されるが、父権主義という意味もある。企業は一家、会社は運命共同体、経営者は父親・守護者という発想からの福利厚生である。今日では父権主義的意味合いは薄れているが、社員食堂、購買施設、慶弔金、慶弔休暇、文化・体育・余暇援助、忘年会・新年会、社員旅行、社宅・独身寮、永年勤続表彰、融資制度、貯蓄・財産形成援助などがこれに含まれる。

（3）　これからの福利厚生
①　福利厚生の見直し

　今後充実すべき福利厚生施策・制度の代表は、健康管理、疾病予防、メンタルヘルスといった心身の健康維持・増進策である。それに育児・介護支援、自己啓発援助制度や資格取得支援制度もあげられる。上で分類した使用者責任に基づく福利厚生の領域が多い。一方、今後は廃止、縮小すべき施策・制度として、社有社宅・独身寮、体育・娯楽施設、直営保養所、社員旅行、社内運動会、永年勤続表彰等があげられる。パターナリズムに基づく福利厚生が多い。

　原則的には、これまで福利厚生で扱ってきた領域のうち、企業主導で直接関わる部分を狭め、従業員の自助努力に委ねる部分を広げるべきである。つまり、自立する従業員を間接的側面から支援する「自立支援型福利厚生」がこれからの方向である。そして今後は、福利厚生による企

業帰属意識の醸成や、やる気の高揚を期待するのではなく、仕事そのものと主たる労働条件でモチベーションを高めるべきである。

② 中小企業の福利厚生のあり方

一般論としては前項のようなことがいえるが、その場合、とりわけ中小企業の福利厚生はどうあるべきだろうか。もともと中小企業の福利厚生は手薄なのだが、それでも従来から惰性で存続させてきた施策・制度がないか個々の施策ごとに見直し、この際、必要性の少ない施策・制度は廃止すべきである。できるだけ業界団体や公的機関の施策、制度、施設を活用し、可能な施策はアウト・ソーシングする。

福利厚生の予算自体抑制し、賃金・労働時間などの中核的労働条件を充実させる方がベターだ。存続させる福利厚生は厳選し、傾斜配分、重点化を図ることになる。もちろん、どの施策を廃止あるいは縮小するか、どの施策を存続させるかは各企業の実態とポリシーによる。現実には、前項で筆者が廃止すべき例としてあげた社員旅行のほか、新年会、忘年会、花見なども中小企業の従業員には期待されている。

（4） ものづくり人材と自己啓発援助、資格取得支援

ものづくり人材に関しては、とくに自己啓発援助制度と資格取得支援制度を充実したい。自己啓発援助制度は、専門図書などの購入、通信教育受講、外部機関の研修受講に関して、その費用を会社が負担したり、研修受講に対する時間的便宜を図るなどの施策である。自己啓発であり、また費用を自分で負担した方が効果が上がるので、会社の費用援助としては、①図書・ビデオ・DVD・CDなどの購入費用の半額補助、②通信教育終了時に費用の50％支給、③研修終了時に費用の30％支給、といった一部負担にとどめた方がよい。年間の個人別支給限度額の設定も必要である。

資格取得支援・援助制度は自己啓発援助と重なる部分もあるが、主な内容としては、①テキスト・参考書などの購入費、②通信教育受講料、

③事前講習受講料、④受験費用、⑤登録費用、⑥受験のための交通費、⑦受験のための休暇、⑧取得時の祝金・奨励金、などがある。公的資格だけ支援するか、一定の民間資格に関しても支援するか、上記内容のどの範囲まで支援するか、どの程度援助するか（費用の全部か一部か、祝金・奨励金の金額）は、個別企業の方針による。業務上必要で会社が命じる場合は、ほぼ全額を会社が負担するのは当然である。そうでなくても、仕事に関係して従業員の能力アップにつながる公的資格、民間資格に関しては、限定せずなるべく広い範囲で支援・援助すべきであろう。

6. 評価制度

(1) 人事考課制度
① 人事考課とその他の評価制度

　評価を抜きにしては人材の配置、育成、活用、処遇つまり人的資源管理、人材マネジメントは適正に行えない。人事・処遇の基準が「職務・能力主義＋成果・業績主義」であれば、なおさら評価の重要性が増す。能力が正しく評価できなければ、昇格も昇進も配置も"能力主義的"に運用できない。従業員の能力の劣っている面が把握できなければ、それを矯正するための能力育成、教育研修ができない。従業員の成果、業績を正しく把握できなければ、昇給、賞与に差を付けても納得は得られないのである。そこで、評価を企業の目的に沿った形で明確に制度化、システム化したものが評価制度である。

　企業における評価制度には、人事考課制度、人材アセスメント、職種適性検査、管理職適性アセスメント、性格検査、昇格審査制度、昇進試験制度、各種のペーパーテスト・試験制度など多様な種類がある。そのなかでも定期的、継続的に実施され、情報量としても最も豊富な評価システムは人事考課制度である。

　人事考課制度は「日常の具体的な業務活動、職務行動に現れた取り組

み姿勢や成果、顕在化された職務遂行能力を評価するシステム」である。現在担当している仕事の関連で、どれだけ結果を出したか、前向きに取り組んだか、能力を発揮できたかを評価する。人格や性格、特技などは評価対象にしない。その意味で、人事考課が評価するのは限定された対象領域であり、従業員の全体像把握には限界があることを認識しておかなければならない。人事考課だけでは企業内の評価システムは完結せず、他の評価制度も併せて利用する必要がある。以下ではそのうち人事考課制度に絞って検討する。

② **人事考課の二つの役割**

人事考課には、「育成・開発・活用」の役割と「処遇への反映」の役割とがある（図表5-19）。育成・開発・活用は、考課結果を人材育成、能力開発に結び付け、育成・開発した従業員を能力と適性に応じて配置、異動し、その職業能力を活用する役割である。処遇への反映は、考課結果で昇給や賞与を決定し、昇格者や昇進者を選別する役割であり、選別・査定の役割といってもよい。

人事考課といえば、かつては処遇への反映を目的とする格差付けの手段という通念が支配していたが、人事基準が能力主義に移行するころから、従業員の職業能力の育成・開発・活用のために行うという考え方が主流になってきた。その後、成果主義へのシフトに伴って、格差付けへ逆戻りする風潮も出てきた。しかし筆者自身は現在でも、人事考課は第一義的に従業員の人材育成、能力開発と能力活用のために実施するものだと考えている。以上のような、育成をメインとする考え方に基づくのが「育成・活用型絶対考課」であり、その理念と内容については、次項

図表5-19　人事考課の二つの役割

- ①育成・開発・活用　……能力育成・開発、教育訓練・研修への結び付け、配置、異動への反映
- ②処遇への反映（選別・査定）……昇給、賞与の決定、昇格・昇進者の選定

で述べる人事考課制度の変化の方向性が示している。

　もっとも、人間には努力すればしただけ、仕事で結果を出せば出しただけ、能力を発揮すれば発揮しただけ、それに相応しく昇給や賞与、昇格などの処遇で報われたいという期待があることも確かである。そこで、育成・開発のために実施した人事考課の結果を、一定のルールに基づいて公正、公平に処遇にも反映させることにする。このような査定・選別の側面を抜きにしては、人事考課の役割は完結しない。ただ、処遇への反映はあくまで第二義的な役割である。

③　人事考課制度の変化の方向

　育成を第一義的に考える人事考課制度の変化の方向は、次のように要約される。

　①マル秘型からオープン型へ、②部下疎外型から部下参画型へ、③査定偏重から能力育成・活用型へ、④格差付けから動機付けへ、⑤イメージ考課から事実に基づく考課へ、⑥相対考課から絶対考課へ。

　⑥の相対考課とは、例えば、部下の甲と乙のどちらが優れているかを比較する対人比較法である。また、部下5人を上から順に並べ、例えば、甲野、乙田、丙山、丁本、戊川と相対的に序列を付ける方法である。ただし、これでは部下の職業能力や行動特性の長所や短所が分らないから人材育成、能力開発、人材活用には役立たない。

　一方、絶対考課とは、あらかじめ「評価基準」を設定して、その基準に達しているか、基準の要件を充足しているかどうかを評価する方法である。期首に立てた業務目標（基準）を達成しているか、組織の一員としての自社の行動基準を満たしているか、格付けられている社員等級の等級要件（基準）と比べてその期待水準に達しているか、などを絶対的に評価するのである。絶対考課といっても言葉の意味での絶対値を評価するのでなく、評価基準と比べた達成度、充足度を個人別に絶対的に評価する。基準と実態の乖離部分が育成点になる。基準のない相対考課から、基準を設定し職務遂行の結果、職務行動の事実に基づいて評価する

絶対考課への転換が、今日の評価方法の潮流である。

(2) 人事考課制度の枠組み
① 人事考課の構成

人事考課の評価側面を大きく分類する「考課区分」は、①業績考課（あるいは成績考課）、②意欲・態度考課（あるいは情意考課）、③（発揮）能力考課の三区分で構成する（図表5-20）。各考課区分は、それぞれ評価する内容や基準が異なる。異なる面を評価するからこそ別建てにするのである。

①業績考課（成績考課）は、上司と部下が目標設定面談の場で合意、決定した業務目標の達成度、あるいは目標を設定しない場合は担当する業務の遂行度、つまりどちらにしても仕事の成果、「結果」を評価する。

②意欲・態度考課（情意考課）は、組織の一員としての自覚、仕事への取り組み姿勢、意欲、態度を評価する。あくまで日常の職務遂行過程で観察された意欲、態度、姿勢を評価する。通常、業績考課（成績考課）と時期も考課表も併せて実施される。それは、成果＝結果を出すための「プロセス」を主として評価するからである。

③（発揮）能力考課は、従業員本人が格付けられている社員等級としての能力の保有度、充足度を分析、評価する。厳密には、職種別・等級別職能要件などを基準に、知識・技能の習得度、仕事に対する習熟度を評価する。その際、抽象的、観念的に部下の能力を評価するのではなく、

図表5-20　人事考課の構成

人事考課	業績考課（成績考課）	業務目標の達成度、担当する仕事の遂行度の評価〈結果〉
	意欲・態度考課（情意考課）	組織の一員としての自覚、意欲、態度の評価〈プロセス〉
	（発揮）能力考課	業務遂行過程で発揮し、顕在化した職務遂行能力の評価〈結果の源泉〉

実際に仕事を担当させ、その仕事の結果から判断できる職務遂行能力、仕事の遂行過程で観察された事実から把握できる能力を評価する。部下にある仕事を担当させたら高い成果を出したが、その原因を分析すると知識があり、企画力も高かったからである。また、職務遂行過程を観察すると、判断力や折衝力も優れている――といった評価の方法である。能力考課は潜在能力を評価するのではなく、「顕在化された保有能力」を評価するのである。能力考課で不十分と判断された要素能力が育成の対象になる。最近は、成果・業績主義へのシフトで、能力考課が軽んじられる傾向にあるが、むしろ再評価すべきである。

②　人事考課制度の設計で決めておくべき内容

　人事考課制度の設計にあたっては、上記の考課区分のほか、決めておくべき内容はたくさんある。項目を列挙すると次のとおりだが、ここでの詳しい説明は省略する。

　①被考課者区分別の「考課要素」の選定と、それぞれの「考課要素」の定義。②考課要素別・部門別・等級別の「着眼点」。③S～Dといった考課ランクとその定義。④考課対象期間と考課実施時期。⑤考課者と被考課者の対応関係。⑥考課表、面談シート。⑦考課結果の利用目的。⑧処遇（昇給、賞与、昇格・昇進）へのルール付け。⑨目標管理「的」制度と面談制度。

　とくにこれからの人事考課制度では、目標管理「的」制度と面談制度の役割が重要になる。目標管理「的」制度とは、本格的な目標管理制度ではなく、自社で運用可能な簡略化した制度を指している。面談制度は、人事考課の納得性を高めるだけでなく、上司と部下が話し合うことにより、職務行動の改善と能力育成につなげる不可欠な仕組みである。育成・活用型絶対考課の必須アイテムといえよう。

第6章

人材確保を支援する法制度の活用
～中小企業労働力確保法等の紹介・解説～

1. 中小企業労働力確保法の概要

　わが国における中小企業は、国民生活に重要な財・サービスを提供するとともに、多様な消費者ニーズに対応し、その機動性に富む活発な活動は、わが国経済の健全な発展に重要な役割を果たしており、労働者にとっても、その個性と能力を十分に発揮できる職場を数多く提供している。その一方、労働条件や福利面において大企業との間に大きな格差があり、そのことが中小企業の労働力確保や良好な雇用機会の創出を困難にしており、それがさらに格差を生み出すという悪循環をもたらしているといった問題がある。

　こうした中で、平成3（1991）年に制定された「中小企業における労働力の確保及び良好な雇用の機会の創出のための雇用管理の改善の促進に関する法律」（以下「中小企業労働力確保法」という。）は、中小企業における労働力確保と良好な雇用機会の創出のため、中小企業者が行う雇用管理の改善に係る措置を促進することにより、中小企業の振興とその労働者の職業の安定その他福祉の増進を図り、もって国民経済の健全な発展に寄与することを目的としており、具体的には、高度な技能等を持つ労働者を確保する場合や新たな事業分野への進出または事業を開始する場合等の中小企業者や事業協同組合等が行う雇用管理の改善の取組みを支援している。

　以下の節では、中小企業労働力確保法の制定や改正の背景・経緯、中小企業労働力確保法に基づき、厚生労働省が実施する支援の紹介及び解説を行う。

第6章　人材確保を支援する法制度の活用

2. 法制定の背景・経緯

(1) 法制定の背景
① 中小企業における労働力不足の現状

　法案が関係審議会等で検討されていた当時、中小企業を取り巻く雇用情勢を見ると、昭和63（1988）年6月には有効求人倍率が1倍を超え、平成元（1989）年には1.4倍台と、昭和45（1970）年のいざなぎ景気時のピークに匹敵する高水準となるなど、労働力需給は昭和40年代以来の引き締まり基調を続けるなかで、欠員率（未充足求人数／在籍労働者数）の状況をみると1,000人以上の大企業は1.5％であるのに対し、100人未満の中小企業は8％程度と高く（平成元年＝1989年）、また企業の雇用人員判断においても大企業に比べ中小企業において労働者不足感に拡がりがみられていた。また、労働者の応募の状況は、300人以下の企業では応募がほとんどないという事業所の割合が目立って大きく、充足率も人手不足感が拡がるなかで1,000人以上の大企業の充足率は上昇しているのに対し、300人未満の中小企業では低下しているなど、中小企業における労働力の確保が困難になっているとともに、平成元（1989）年の個人的理由による離職率は、1,000人以上の大企業9.2％に対し、5〜29人の企業では14.2％と中小企業は大企業に比べ労働者の定着が悪い状況にあった。

　このような労働力不足は、昭和40年代の高度経済成長期以来のものであったが、いざなぎ景気当時と比較すると、

　　a）労働力の供給面において、農業従事者、新規学卒者からの供給が減少し、地域間流動性も低下しているなかで、代わって女性の労働力化、失業者の就職が就職者の増加に大きく寄与しており、高度成長期に比べ労働力の供給源として若年労働力の役割は小さくなっていたこと

b）労働力の需給面において、サービス経済化の進展等に伴い、労働生産性の伸びが低下し、労働生産性の上昇による労働力不足への対応が図りづらくなっていたこと
　c）他方、高齢化の進展等により労働力需給のミスマッチはいざなぎ景気のときより拡大し、ミスマッチ解消による労働力不足への対応の余地は大きくなっていたこと
など、構造的に変化が生じていた。

② 労働力不足の見通し

　労働力人口の動向をみると、1985～1990年は平均77万人の増加がみられたものが、出生率の低下等を反映して、1990～1995年52万人、1995～2000年30万人と伸びが大きく鈍化し、特に15～64歳層人口では、1995年以降減少に転じるなど、わが国が戦後はじめて経験する状況となることが見込まれていた。このような中で、労働力需給の動向は、今後労働力人口の伸びの鈍化に伴い、年率4％程度の経済成長を想定すれば、完全失業率は1995年2％程度、2000年1.9％程度の低いものとなることが見込まれていた。

③ 中小企業における労働力不足の原因

　中小企業の労働力不足の原因をみると、企業側においては「労働時間が長い、休日が少ない」「福利厚生制度が整っていない」「企業の知名度が低い」「仕事が肉体的、精神的にきつい」をあげるものが多く、労働者側においても、新規学卒者が就職にあたって重視する事項については、「福利厚生施設がよい」「休日が多く、残業が少ない」が上位を占め、離職理由をみてみると、「労働時間の長さ、不規則さ、休日の少なさ」「賃金の安さ」「仕事のつまらなさ、能力を発揮できない」「仕事のきつさ、作業環境・安全衛生の悪さ」をあげるものが多いが、「職場の良好な人間関係がないこと」も問題としてあげられていた。

　このように、中小企業における労働力の確保・定着の困難性は、産業・業種の将来性や経営者の経営姿勢に加え、大企業と比較して募集時

第6章　人材確保を支援する法制度の活用

における知名度、労働条件および職場環境等の労働者に係る雇用管理全般の遅れから、中小企業の多くが魅力ある雇用機会を提供していなかったことが、労働者不足問題を引き起こしていると考えられた。

（2）　法案作成に至る経緯
①　関係審議会等における検討

　以上のように、当時のわが国の雇用情勢は、内需を中心とした持続的な景気拡大を反映して着実な改善を示し、高度経済成長期以来といわれる人手不足感の拡がりがみられるなど、円高不況時の雇用不安の状況に比べると様変わりしていた。特に平成7（1995）年以降の生産年齢人口の減少に伴い、労働力供給の伸びの鈍化が予想され、しかも、既に低い水準にあった出生率がさらに低下を続けていることの影響もあり、将来の労働力不足への対応の必要性が認識されるようになっていた。

　このような状況の中で、職業安定局長が参集を求めた雇用政策研究会（座長：梅村又次一橋大学名誉教授。肩書きは当時のもの、以下同様）において、平成元（1989）年11月から第6次雇用対策基本計画策定後の労働市場の実態について検討するとともに、雇用政策の方向性について研究を行った。その結果、同計画において示された雇用政策の方向は、今後とも引き続き持続すべきであるが、最近の労働力需給の変化に対応して、新たな観点から対応すべき課題も発生してきており、これを踏まえて同計画を補強するために当面取り組むべき課題について緊急に報告をとりまとめることとされ、平成2（1990）年4月「最近の労働力需給の変化に対応して当面取り組むべき雇用対策の重点」が報告された。この報告の中で、当面取り組むべき雇用対策の重点の1番目に「中小企業等の労働力確保対策の推進」が掲げられ、

　　a）大企業に比べ求人活動面において不利な立場にある中小企業を支援するためにも、「総合的雇用情報システム」を活用して雇用職業情報の積極的な提供を図るとともに、求人・求職の結合がより効果

的になされるよう職業紹介の手法を工夫する等、地域の労働力需給
　　　調整の中核としての公共職業安定所の機能の充実を図っていく必要
　　　があること
　　ｂ）中小企業に対して、雇用管理の改善や勤労者住宅、福利厚生施設
　　　の充実等雇用機会としての魅力を高めるとともに、高度な技術、技
　　　能を持つ人材の育成を行うための必要な援助を充実する必要がある。
　　　特に労働力の確保にとって労働時間の短縮は重要であり、生産性向
　　　上努力と相まって計画的、段階的な取組みに対する誘導を強化する
　　　必要があること
とされた。これについては、各中小企業が個別に行うよりも地域、業種
等によるグループで共同して行うことの方が効果的な場合も多いので、
募集採用活動を含めて、雇用管理の改善、福利厚生の充実、技術者・技
能者の育成等について中小企業が共同して効果的な取組みがなされるよ
うに、経営面での基盤強化の施策と相まって、総合的な対策を進めるよ
う枠組みづくりを図る必要があるとの指摘があった。

② **中央職業安定審議会の建議**

　中小企業を中心とした人手不足感が拡がり、雇用政策研究会の報告が
出されるなど中小企業の労働力不足問題への関心が高まるなか、労働大
臣の諮問機関である中央職業安定審議会（会長：高梨昌信州大学教授）
の小委員会である雇用対策基本問題小委員会（座長：小池和男法政大学
教授）において、平成２（1990）年10月より中小企業における労働力
確保・定着のための総合的雇用対策の樹立について具体的検討が進めら
れ、その結果、小委員会からの報告を経て、平成３（1991）年１月に中
小企業における労働力確保・定着のための総合的雇用対策を樹立するこ
とが必要である旨の建議が中央職業安定審議会から労働大臣に提出され
た。また、この建議においては、中小企業の経営対策を担当する中小企
業庁との協力・連携が十分図られるよう配慮すべきであるとされた。

③ 中小企業近代化審議会の答申

一方、通商産業大臣の諮問機関である中小企業近代化審議会（会長：矢野俊比古東京中小企業投資育成(株)代表取締役社長）においても、同様の状況のなか、その小委員会である総合部会政策小委員会（小委員長：島田晴雄慶応義塾大学教授）において平成2（1990）年10月より、中小企業における労働力確保・定着対策およびその施策のあり方について具体的検討が進められ、平成3（1991）年1月に中小企業近代化審議会から通商産業大臣に答申された。この答申においては、中小企業行政を担当してきた中小企業庁と労働行政を担当してきた労働省とが協力・連携し、両省庁の各々の政策手段が有機的に組み合わされることが政策目的の達成のために有益であることにも留意すべきとされた。

（3） 法の制定
① 法案の作成と国会提出

労働省および中小企業庁は、中央職業安定審議会の建議および中小企業近代化審議会の答申の趣旨に基づき、中小企業における労働力の確保のための対策と法律案の検討を行った。その結果、

a）法律が、労働力の確保を図るために中小企業者が行う雇用管理の改善に係る措置を促進することにより、中小企業の振興および労働者の福祉の増進に寄与し、もって国民経済の健全な発展と国民生活の向上に資することを目的としていること

b）通商産業大臣および労働大臣は、労働力の確保を図るために中小企業者が行う雇用管理の改善に係る措置に関し、基本的な指針をさだめなければならないこと

c）事業協同組合等は、その構成員たる中小企業者（以下「構成中小企業者」という。）の労働力確保を図るための雇用管理の改善に関する事業（以下「改善事業」という。）についての計画（以下「改善計画」という。）を作成し、都道府県知事の認定を受けることが

できること
　d）国は、改善計画の認定を受けた事業協同組合等に対して、改善事業に必要な資金の確保や融通のあっせんに努めるものとすること

等が盛り込まれた「中小企業における労働力の確保のための雇用管理の改善の促進に関する法律案要綱」を労働省と中小企業庁で作成し、平成3（1991）年3月労働大臣から中央職業安定審議会に諮問し、原案は「おおむね妥当である」旨の答申が提出された。

これを受け、労働省および中小企業庁は、「中小企業における労働力の確保のための雇用管理の改善の促進に関する法律案」を作成し、平成3（1991）年2月に自由民主党労働部会、商工部会、政調審議会および総務会の了承を経て、閣議に付議し、第120回通常国会に「閣法第44号」として提出され、同年3月に衆議院社会労働委員会に付託された。

② 法案の国会審議と成立

「中小企業における労働力の確保のための雇用管理の改善の促進に関する法律案」は、平成3（1991）年3月に衆議院社会労働委員会において提案理由説明が行われ審議が始まり、同年4月全会一致をもって可決、本会議においても可決され、参議院に送付された。参議院においては、同月に社会労働委員会において提案理由説明が行われ審議が始まり、全会一致をもって可決、本会議において可決され、ここに中小企業における労働力の確保のための雇用管理の改善の促進に関する法律は成立、平成3年法律第57号として公布された。

3. 平成7年改正の背景・経緯

（1）　法改正の背景
①　法制定後の中小企業における労働力確保の状況

法制定後、経済情勢は大きく変わり、わが国経済は一転して景気後退局面に入り、それまで上昇を続けていた有効求人倍率も平成3（1991）

第6章　人材確保を支援する法制度の活用

年2月の1.45倍をピークに低下しはじめ、0.6倍台で低迷する一方、完全失業率は上昇を続け、平成7（1995）年6月には戦後最悪の3.2％を記録するなど雇用失業情勢は厳しいものに転じた。このように労働力需給は大きく緩和したにもかかわらず、法制定の背景となった中小企業の労働力不足の状況は顕著な改善を見せなかった。中小企業における人材確保の状況を平成6（1994）年における欠員率でみると、企業規模計で2.1％であるのに対し、1,000人以上規模企業では0.9％、300～999人規模企業では0.4％、100～299人規模企業では2.4％、5～29人規模企業では4.1％となっていた。一方充足率をみると、企業規模計で27％であるのに対し、1,000人以上規模企業では38.8％、300～499人規模企業では28.2％、29人以下規模企業では26.3％となっており、中小企業においては必要な労働力の確保が必ずしも十分になされていないことがわかる。

また、求人の充足が十分できていないだけではなく、平成5（1993）年の離職率が1,000人以上規模企業では12％であるが、300～999人規模企業で13％、100～299人規模企業で13.9％、30～99人規模企業で15.7％、5～29人規模企業で15.2％となっており、中小企業においていったん人材を確保できても、離職率が高いことがわかる。

このように、雇用失業情勢が悪化し、労働力供給は法制定当時に比してむしろ緩和している中で、中小企業における労働力の確保が依然として困難な状況にあり、また法制定当時に比し労働力確保の状況について大企業との間の格差が拡大しつつある面さえみられることは、問題が一層深刻化していることを示していた。

② **中小企業における労働力不足の原因**

依然として続く労働力不足の原因としては、

　a）中小企業の労働環境、福利厚生等雇用管理全般の遅れによる職場としての魅力不足が十分に改善されていないこと

　b）国内市場の成熟、外需依存の限界等の環境下で企業として新分野

進出等を図っていく必要が高まるにつれ、中小企業が必要とする労
　　　働力の多様化、高度化が進んできているのに対して、それに見合う
　　　雇用管理の改善を促進するための措置を講じていないこと
等が考えられた。
　また、企業における雇用管理に関する統計資料をみると、平成6
(1994) 年度の所定内給与額を1,000人以上規模企業を100とした場合、
100～999人規模企業では84.1％、10～99人規模企業では78.3％とな
っており、依然として大きな格差があった。さらに、所定内労働時間は、
500以上規模企業では1,753時間、100～499人規模企業では1,762時間、
30～99人規模企業では1,784時間と規模が小さいほど長く、逆に所定
外労働時間は500人以上規模で155時間、100～499人規模企業で139
時間、30～99人規模企業で120時間と短くなっているほか、平成6
(1994) 年の完全週休二日制の適用労働者の割合は、1,000人以上規模
企業で80.8％であるのに対し、100～999人規模企業では40.7％、30～
99人規模企業では19.8％と企業規模が小さくなるほど適用をうけてい
る労働者が少なくなっていることから、中小企業は、賃金、労働時間、
福利厚生面等で大企業との間で格差があり、このことが中小企業の人材
確保を難しくしている原因であると分析されていた。
　③　**中小企業における労働力の確保の必要性**
　一方、中小企業をめぐる厳しい経済環境の中で、中小企業の振興はわ
が国経済全体の喫緊の課題であり、特に、大企業との雇用管理の構造的
格差を是正し、中小企業の経営基盤の強化の観点から人材の確保が依然
として大きな課題となっていた。
　また、ベンチャー企業等の新たな事業分野への展開を図る中小企業に
とって、新商品の研究開発を行う人材や、経営拡大に伴い複雑化する財
政面、労務面等を的確に管理できる人材を社内に求めても直ぐに得られ
ないことが多く、そのような人材を確保できないことが経営上の一つの
隘路となっていた。こうした中小企業の労働力確保を支援することは、

第6章 人材確保を支援する法制度の活用

人材にとって雇用機会を確保するだけでなく、中小企業が新分野展開等を成し遂げ、企業として発展することで新たな雇用機会をも創り出すことにもつながっていた。

（2） 法案作成に至る経緯

平成7（1995）年8月、村山内閣総理大臣から宮崎経済企画庁長官に、わが国経済の回復基調を確実なものとするため、思い切った第二次補正予算による追加措置をはじめとして緊急に必要とされる効果的な経済対策を9月をメドに取りまとめるよう指示があり、与党政策調整会議からも「景気・経済対策の基本的考え方」が示され、ここでも中小企業対策および雇用対策を推進することが謳われた。

これらを踏まえ、労働省および中小企業庁は、中小企業における労働力確保のための対策の強化の方策について検討を進めることとなり、法改正を行うことを確認した。

（3） 法改正
① 法案の作成と国会提出

労働省および中小企業庁にて法律案の検討を行った結果、法の目的に
 a） 労働力を確保するために中小企業者が行う雇用管理の改善に係る措置を促進することにより、その労働者の職業の安定を図ること
 b） 中小企業者は、職業に必要な高度の技能およびこれに関する知識を有する者の確保を図るための雇用管理の改善に関する事業についての計画を作成できること
 c） 政府は、構成中小企業者または個別中小企業者が、福祉施設の設置・整備、高度の技能等を有する人材の受入れ、または高度な技能等をその雇用する労働者へ習得させるための教育訓練の実施することに対して、必要な助成および援助等を行うこと

を追加することとした「中小企業における労働力の確保のための雇用管

理の改善の促進に関する法律の一部を改正する法律案要綱」を作成した。そして平成7（1995）年9月に労働大臣から中央職業安定審議会に、同年10月に中央職業能力開発審議会に、また、同月に通商産業大臣から中小企業近代化審議会に諮問し、原案を妥当とする答申を得た。

これを受け、労働省および中小企業庁は、「中小企業における労働力の確保のための雇用管理の改善の促進に関する法律の一部を改正する法律案」を作成し、平成7（1995）年9月に、連立与党等の労働調整会議・政策調整会議および院内総務会の了承を経て、閣議に付議し、第134回臨時国会に「閣法第8号」として提出され、同月に衆議院労働委員会に付託された。

② 法案の国会審議と成立

「中小企業における労働力の確保のための雇用管理の改善の促進に関する法律の一部を改正する法律案」は、平成7（1995）年10月に衆議院労働委員会および本会議、参議院労働委員会および本会議において全会一致で可決・成立し、同年11月に公布・施行された。

この改正により、従来、事業協同組合等の団体および構成中小企業者に対象が限られていた各種支援措置について、個別中小企業者をその対象に加えるとともに、構成中小企業者および個別中小企業者を対象として、新分野展開を図る場合の基礎となる人材の受入れ、教育訓練の実施および労働環境の改善、福祉施設の設置・整備を行った場合の支援措置が新たに講じられ、中小企業が行う雇用管理の改善のための取組みをより強力に支援することができるようになった。

4．平成10（1998）年改正の背景・経緯

(1) 法改正の背景

平成5（1993）年秋にはバブル経済崩壊後の景気停滞から底を打ったものの、その後の回復の動きは極めて緩やかであり、平成9（1997）年

第 6 章　人材確保を支援する法制度の活用

に入ると、4 月の消費税率引き上げに伴う駆け込み需要の反動減が予想以上に大きく現れたことに加え、秋以降、大手の金融機関の相次ぐ破綻やアジア各国の通貨・金融不安のもとで、家計や企業の心理の悪化、金融機関の貸出態度の慎重化等が実態経済にも影響を及ぼし、景気は再び下降局面に入り、その厳しさを増していった。

　こうした経済情勢の中、雇用失業情勢の動向をみると、平成 7（1995）年改正法が施行された平成 7（1995）年 11 月に 0.63 倍であった有効求人倍率は、景気の緩やかな回復基調の中で、平成 8（1996）年 12 月には 0.75 倍まで回復したものの、翌年に入って再び低下傾向に転じ、平成 10（1998）年に入ると、倒産や解雇による非自発的離職失業者が増加してきたことを背景に一層厳しさを増し、同年 8 月には 0.50 倍と過去最低水準まで落ち込んだ。一方、平成 7（1995）年 11 月に 3.4％であった完全失業率は、平成 10（1998）年 4 月には 4.1％ とはじめて 4％台を超え、同年 8 月には 4.3％ と過去最悪の水準となるなど、雇用失業情勢は極めて厳しい状況となった。

　また、わが国経済を中長期的にみると、経済活動の一層の国際化や産業構造の転換が進んでいくことが見込まれる中、これまでのような大企業を中心とした既存の企業の成長による雇用の場の拡大に期待することは困難であり、むしろ、今後成長が見込まれる新たな産業分野において、新しい雇用の場を生み出すことが必要となっていた。さらに、その主な担い手となるのは、とりわけ創業や異業種への進出（以下「新分野進出等」という。）を行う中小企業が、主な担い手として大きな役割を果たすことが期待された。

　他方、こうした中小企業については、資金やノウハウ面で雇用管理に十分な取組みを行う余裕がなく、こうした実態を反映して、人材の確保が新分野進出等やその後の事業展開に当たっての大きなネックになっているのが実状であると考えられた。

　こうした状況を踏まえ、短期的にも、中長期的な観点からも、中小企

業における雇用機会の創出を支援する仕組みを強化することが、わが国経済の活力を維持しつつ、雇用の安定を図っていくための喫緊の課題であると認識されるに至った。

(2) 法案作成に至る経緯

労働省および中小企業庁は、中小企業における新規雇用創出を支援するための新たな対策について検討を開始し、平成10（1998）年9月に労働大臣は、内閣総理大臣の指示により開催された政労使雇用対策会議の第1回の会合において、「通商産業省と連携し、中小企業の雇用創出に対する新しい支援制度の枠組みについて検討している」旨の発言を行った。また、この政労使雇用対策会議を受けて同年10月に内閣総理大臣を本部長とし、全閣僚を構成員とする産業構造転換・雇用対策本部が開設され、同本部においても労働大臣は同様の発言を行い、この方針が確認された。

また、同年11月に厳しい状況にある日本経済を一両年のうちに確実な回復軌道に乗せる第一歩として、100万人規模の雇用の創出・安定を目指して、総事業費17兆円超の事業を緊急に実施することを内容とする「緊急経済対策」が策定された。同対策には、雇用対策として、「雇用活性化総合プラン」の実施が盛り込まれているが、同プランにおいても、新規雇用創出対策として、「中小企業における雇用創出のための支援の強化」が重要な柱の一つとして位置づけられた。

(3) 法改正
① 法案の作成と国会提出

労働省および中小企業庁は、このような状況を踏まえ、中小企業における雇用機会創出のための支援の強化を図るための検討を行った。その結果、「中小企業における労働力の確保のための雇用管理の改善の促進に関する法律」が平成7（1995）年の改正において、新規の事業分野へ

第6章 人材確保を支援する法制度の活用

の進出等を支える高度な人材の確保を支援するという形で、新たな雇用機会の創出の核となる中小企業を支援する枠組みを創設したこと、厳しい雇用失業情勢の中にあっても、中小企業は依然として必要な労働力の確保が十分にできていない実態にあり、従来の支援策も引き続き必要であること等を踏まえて、新たな法律の制定ではなく、本法を改正し、『雇用機会の創出』を目的に加えるとともに、新たな支援策を実施するための規定を整備することにより、支援の強化を図ることとした。

そこで、労働省においては、平成10（1998）年11月に

a）題名を「中小企業における労働力の確保及び良好な雇用機会の創出のための雇用管理の改善の促進に関する法律」に改めること

b）目的に、中小企業における良好な雇用機会の創出のため、中小企業が行う雇用管理の改善に係る措置を促進することにより、中小企業の振興およびその労働者の職業の安定その他福祉の増進を図ることを追加すること

c）基本指針に、中小企業者が行う良好な雇用機会の創出に資する雇用管理の改善に係る措置に関する事項を定めること

d）中小企業者は、新たな事業の分野への進出または事業の開始（以下「新分野進出等」という。）に伴って実施することにより良好な雇用機会の創出に資する雇用管理の改善に関する事業についての計画を作成できること

e）政府は、個別中小企業者が、新分野進出等に伴い新たに労働者の雇入れまたは必要とされる技能をその雇用する労働者等へ習得させるための教育訓練を実施することに対して、必要な助成および援助等を行うこと

を追加することとした「中小企業における労働力の確保のための雇用管理の改善の促進に関する法律の一部を改正する法律案要綱」を作成した。労働大臣から中央職業安定審議会および中央職業能力開発審議会に諮問し、原案を妥当とする答申を得た。

これを受け、労働省および中小企業庁は、「中小企業における労働力の確保のための雇用管理の改善の促進に関する法律の一部を改正する法律案」を作成し、所要の与党手続きを経て、平成10（1998）年11月に閣議に付議し、第144回臨時国会に「閣法第4号」として提出され、同年12月に衆議院労働委員会に付託された。

② 法案の国会審議と成立

　「中小企業における労働力の確保のための雇用管理の改善の促進に関する法律の一部を改正する法律案」は、平成10（1998）年12月に衆議院労働委員会および本会議、参議院労働・社会政策委員会および本会議において全会一致で可決・成立および公布され、平成11（1999）年1月に施行された。

　この改正により、新分野進出等を目指す個別中小企業者に対する人材の確保・育成、魅力ある職場づくりの活動を支援する措置について一層充実させ、新分野進出等に伴い雇い入れた労働者の賃金等を助成する各種の支援措置を新設した。

5. 平成18（2006）年改正の背景・経緯

（1） 法改正の背景

　非正規雇用の活用の拡大、青少年の意識の変化等を背景に、ニート・フリーター、間接労働者（請負労働者、派遣労働者）等必要な職業能力が蓄積されず、雇用可能性の低い若年者が急増しており、これを放置すれば、これらの者の雇用の機会はますます狭まることとなる。これらの青少年が職業的自立を図り、雇用の安定が確保されるためには、現場で通用する実践的な職業能力を習得していく必要がある。

　一方、今後、高年齢者等の雇用の安定等に関する法律の改正に伴う継続雇用等が拡大することや、団塊の世代（約669万人）が平成19（2007）年以降の短期間に職業生活からの引退過程に入ることにより、熟練した

第6章　人材確保を支援する法制度の活用

技術・技能やノウハウが失われるという、いわゆる「2007年問題」に代表される技能継承問題等を背景に、大企業も含めて人材の確保競争が激しくなることなどから、雇用管理に立ち遅れがみられる中小企業においては、高い技能、知識を有する労働者を外部労働市場から確保することは困難になると予想された。したがって、中小企業においては、可塑性が高く、職業に必要な技能・知識の吸収力が高い青少年を新たに雇用し、短期間に集中的に教育訓練し、実践的な職業能力を習得させることにより、次代の中核的人材となる労働力の確保が必要となった。

このような状況を踏まえ、職業能力の蓄積が十分になされず、職業人として自立するに至っていない青少年について、中小企業が雇用し、実践的な職業能力の習得に効果的な教育訓練を短期間に集中的に行うことを支援することは、

　a）職業能力の蓄積が不十分な青少年にとって良好な雇用機会の創出に資すること
　b）次代を担う人材の確保を円滑化することを通じて中小企業の経営基盤が強化され、雇用管理の改善が円滑に進み、さらなる労働者確保の円滑化、労働者の福祉の向上に資すること

から、政策的に支援する必要性が特に高いとの認識に至った。

（2）　法案作成に至る経緯

労働政策審議会職業安定分科会（分科会長：諏訪康雄法政大学教授）においては、中小企業における技能の受け手となる人材の確保に係る支援について報告を取りまとめ、平成18（2006）年1月に労働政策審議会（会長：菅野和夫明治大学法科大学院教授）は厚生労働大臣に対して、技能継承に計画的に取り組む中小企業の人材確保を円滑かつ効果的に図っていくため、

　a）円滑な雇入れ促進に向けた支援として、トライアル雇用の推進に向けた支援措置の創設、ハローワークにおけるマッチング機能の強

化、委託募集の活用による効果的な採用システムの確立および中小
　　　企業と学校とのネットワークづくり等の推進
　　ｂ）雇用管理改善に向けた支援の強化
　　ｃ）就職後の定着に向けた支援の推進
について、法制的な措置を含め、検討を進めることが適当であるとの建議が行われた。

（3）　法改正
①　法案の作成と国会提出
　厚生労働省および中小企業庁は、このような状況を踏まえ、中小企業における技能の受け手となる人材の確保に係る支援について検討を行った。その結果、職業能力開発促進法の改正と併せて、中小企業労働力確保法を改正することとし、中小企業労働力確保法に、
　　ａ）事業協同組合等および個別中小企業者は、実践的な職業能力の開
　　　発および向上が必要な青少年にとって良好な雇用機会の創出に資す
　　　る雇用管理の改善に関する事業についての計画（以下「青少年雇用
　　　創出計画」という。）を作成できること
　　ｂ）個別中小企業者が計画について都道府県知事の認定を受け、当該
　　　計画に基づく改善事業の実施に伴い厚生労働大臣が承認した事業協
　　　同組合等に労働者の募集を行わせる場合には、委託募集の許可等に
　　　関する規定について特例措置を設けること
等を追加することとした「職業能力開発促進法及び中小企業における労働力の確保及び良好な雇用機会の創出のための雇用管理の改善の促進に関する法律の一部を改正する法律案要綱」を作成し、厚生労働大臣から平成18（2006）年2月に労働政策審議会に諮問し、原案を妥当とする答申を得た。これを受け、厚生労働省および中小企業庁は、「職業能力開発促進法及び中小企業における労働力の確保及び良好な雇用機会の創出のための雇用管理の改善の促進に関する法律の一部を改正する法律

第 6 章　人材確保を支援する法制度の活用

案」を作成し、所要の与党手続きを経て閣議に付議し、平成 18（2006）年 1 月に第 164 回通常国会に「閣法第 66 号」として提出され、同年 12 月に参議院厚生労働委員会に付託された。

②　法案の国会審議と成立

「職業能力開発促進法及び中小企業における労働力の確保及び良好な雇用機会の創出のための雇用管理の改善の促進に関する法律の一部を改正する法律案」は、平成 18（2006）年 5 月に参議院厚生労働委員会および本会議、衆議院厚生労働委員会および本会議で可決・成立および公布され、同年 10 月に施行された。

この改正により、青少年が現場の戦力となるよう実践的な職業能力を習得すること、現場を支える熟練した技能等が円滑に継承されること等を促進するための各種の支援措置を設けた。

6. 中小企業労働力確保法に基づく支援

　厚生労働省における中小企業労働力確保法に基づく支援は、基本的に下図のような流れで実施している。

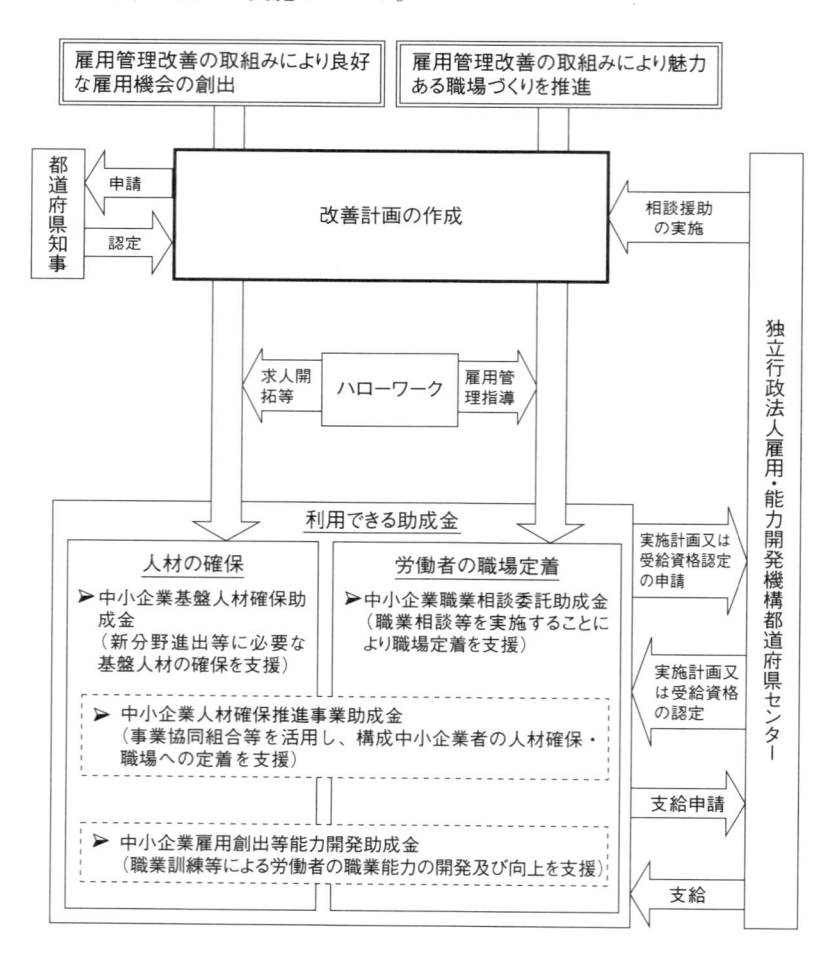

```
┌─────────────────────────┐  ┌─────────────────────────┐
│雇用管理改善の取組みにより良好│  │雇用管理改善の取組みにより魅力│
│な雇用機会の創出          │  │ある職場づくりを推進      │
└─────────────────────────┘  └─────────────────────────┘
```

都道府県知事 ⇔（申請／認定）⇔ 改善計画の作成 ⇔（相談援助の実施）⇔ 独立行政法人雇用・能力開発機構都道府県センター

（求人開拓等）― ハローワーク ―（雇用管理指導）

利用できる助成金

人材の確保
- 中小企業基盤人材確保助成金
  （新分野進出等に必要な基盤人材の確保を支援）

- 中小企業人材確保推進事業助成金
  （事業協同組合等を活用し、構成中小企業者の人材確保・職場への定着を支援）

- 中小企業雇用創出等能力開発助成金
  （職業訓練等による労働者の職業能力の開発及び向上を支援）

労働者の職場定着
- 中小企業職業相談委託助成金
  （職業相談等を実施することにより職場定着を支援）

独立行政法人雇用・能力開発機構都道府県センターとのやり取り：実施計画又は受給資格認定の申請／実施計画又は受給資格の認定／支給申請／支給

7. 具体的な施策の概要

なお、厚生労働省における具体的な施策については、ハローワークおよび独立行政法人雇用・能力開発機構（以下「機構」という。）において、次のような施策を展開している。

（1） ハローワーク

ハローワークにおいては、改善計画に記載された改善事業を的確に行うことができるよう、雇用管理に係る指導や関係施策に係る情報提供等を行っている。

> 【参考】技能継承トライアル雇用事業
>
> 　中小企業労働力確保法に基づく施策ではないが、関係施策として技能継承トライアル雇用事業を実施している。
>
> 　この事業は、2007年問題等により、中小企業における中核的な技能・技術およびノウハウ等（以下「中核技能」という。）の受け手人材を確保するために、ハローワークにおいて対象者の開拓等の支援を行うほか、中小企業労働力確保法に基づく青少年雇用創出計画の知事認定を受けた中小企業者等については、ハローワークまたは学校等の紹介により、中核技能の受け手となりうる若者（35歳未満）を受入れ、トライアル雇用を実施した場合に1人当たり月額4万円、3ヶ月を限度に奨励金を支給する、というものである。

（2） 機構

厚生労働省所管の独立行政法人である機構では、雇用管理の改善に関する相談窓口の開設、好事例の提供や各種セミナーの開催等の相談・援助業務を行っているほか、中小企業労働力確保法に基づく各種助成金の

支給を行っている。

① 相談・援助業務

各都道府県センターの窓口において担当職員が労働者の雇入れ、配置、職場への適応等の雇用管理に関する相談や好事例の提供等を行っているほか、社会保険労務士や中小企業診断士等の専門家を雇用管理アドバイザーとして委嘱し、中小企業に派遣して専門的な援助を行っている。また、地域の特性、雇用状況等を踏まえ、都道府県等の関係行政機関と連携しつつ、必要に応じて、

a）事業主に対する雇用管理の改善に係る情報提供および新規成長分野等に就職を希望する者に対する企業情報等を提供する「出会いの場」の開催

b）中小企業事業主および中小企業事業主団体の要請等に基づき、地域の特性等を踏まえた雇用管理上の課題および問題等に係るテーマについての雇用管理セミナーの開催

等の事業を実施している。

② 助成金の支給

中小企業労働力確保法に基づき、改善計画の都道府県知事認定を受けた事業協同組合等または中小企業者に対して、次の助成金の支給を行っている。

a）中小企業人材確保推進事業助成金

事業協同組合等が構成中小企業者における職場の魅力を高め、労働力の確保・職場定着を支援するために実施する調査研究からフォローアップ等までの雇用管理の改善のための事業に要した費用の2/3を最大3年間助成する。

b）中小企業職業相談委託助成金

構成中小企業者または個別中小企業者が、職場への労働者の定着を図るため、特にニーズが高いメンタルヘルス相談を含めた職業相談業務を外部の専門機関等に委託した場合、当該委託に要した費用の1/3を最大

1年間助成する。

c）中小企業基盤人材確保助成金

個別中小企業者が、新分野進出等に伴い経営基盤の強化に資する人材（以下「基盤人材」という。）を雇い入れた場合に、基盤人材1人につき140万円、基盤人材の雇入れに伴う一般労働者1人につき30万円を助成する。

2008年3月10日　初版第1刷発行

ものづくり中小企業の人材確保戦略
―採用・定着のための人材マネジメント―

著　者　　藤村　博之　　大木　栄一　　田口　和雄
　　　　　田島　博実　　谷田部光一　　山田　修嗣

発　行　　Ⓒ財団法人雇用開発センター
　　　　　〒105-0002　東京都港区愛宕1-6-8 愛宕小西ビル3階
　　　　　TEL. 03（3434）5681　FAX. 03（3434）5320

発売元　株式会社 同友館
　　　　　東京都文京区本郷6-16-2（郵便番号113-0033）
　　　　　TEL 03-3813-3966　FAX 03-3818-2774
　　　　　URL http://www.doyukan.co.jp

落丁・乱丁本はお取り替えいたします。　　美研プリンティング
ISBN 978-4-496-04394-9　Printed in Japan